Maravillas

MI LIBRO DE LECTURA Y ESCRITURA

McGraw Hill

COVER: Nathan Love, Erwin Madrid.

mheducation.com/prek-12

McGraw Hill

Send all inquiries to:
McGraw-Hill Education
Two Penn Plaza
New York, New York 10121

ISBN: 978-0-07-702829-9
MHID: 0-07-702829-5

Printed in the United States of America.

6 7 8 9 LON 26 25 B

¡Bienvenidos a Maravillas!

Lee textos apasionantes de **Literatura**, **Ciencias** y **Estudios Sociales**.

- ★ **APRENDE** del mundo que te rodea.
- ★ **PIENSA**, **HABLA** y **ESCRIBE** de géneros literarios.
- ★ **COLABORA** en charlas e investigaciones.
- ★ **¡EXPRÉSATE!**

my.mheducation.com

Con tus datos de acceso podrás leer textos, practicar gramática y ortografía, explorar proyectos de investigación y mucho más.

UNIDAD 5

GÉNERO 1 TEXTO EXPOSITIVO

CIENCIAS

GÉNERO 2 FICCIÓN REALISTA

(T)Richard Johnson;

GÉNERO 3 ARTÍCULO INFORMATIVO

CONCLUSIÓN DE LA UNIDAD

ESTUDIOS SOCIALES   CIENCIAS

Recursos digitales Consulta este libro electrónico y otros recursos en **my.mheducation.com**

Ed George/National Geographic/Getty Images

UNIDAD 6

GÉNERO 1 NARRATIVA DE NO FICCIÓN

CIENCIAS

GÉNERO 2 FICCIÓN HISTÓRICA

ESTUDIOS SOCIALES

GÉNERO 3 POESÍA

CONCLUSIÓN DE LA UNIDAD

Rogerio Soud

Recursos digitales Consulta este libro electrónico y otros recursos en **my.mheducation.com**

Coméntalo

Pregunta esencial

¿Qué puedes descubrir cuando miras algo de cerca?

Si observas una pluma de pavo real, verás anillos de colores. Al observar la misma pluma bajo un microscopio, verás que, de repente, parece una piña de pino. ¿Qué te gustaría examinar bajo un microscopio?

En la red de palabras, describe detalles del pavo real de la foto. Luego, observa un objeto en tu salón de clases, primero de lejos y luego de cerca. Comenta con un compañero lo que observaste.

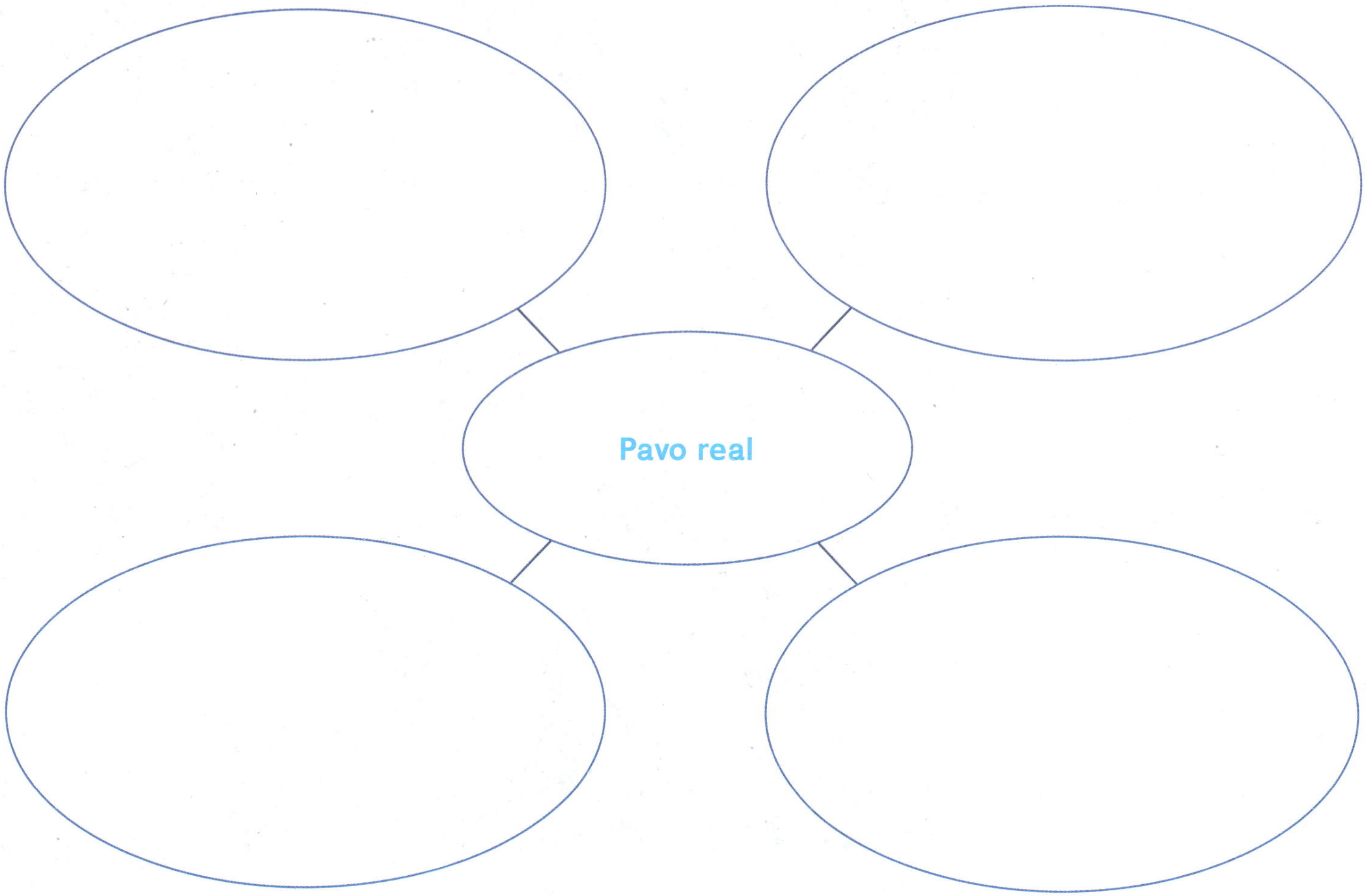

Ve a **my.mheducation.com** y lee el *Blast* "¿Qué edad tiene tu agua?". Piensa en el agua que bebiste hoy. ¿Por cuáles etapas del ciclo del agua pasó? Luego, comenta tus respuestas al *Blast*.

Don Paulson Photography/Purestock/SuperStock

LECTURA COMPARTIDA

TOMA NOTAS

Da un vistazo preliminar al texto para tener una idea de lo que vas a leer. Lee el título, las leyendas, y observa las imágenes. Luego, haz una predicción de lo que vas a aprender en esta selección. Escribe tu predicción abajo.

____

____

____

A medida que lees, anota:

Palabras interesantes: __________

____

____

____

Detalles clave: __________

____

____

____

____

____

Tu mundo de cerca

Pregunta esencial

¿Qué puedes descubrir cuando miras algo de cerca?

Lee sobre una herramienta que nos permite ver objetos cotidianos de cerca.

Compara estos arenosos granos de azúcar con el cristal de azúcar ampliado.

(t)Zoonar RF/Getty Images; (b)koosen/iStock/Getty Images

¿La foto de la izquierda muestra un diamante o un prisma de cristal? Mira más de cerca. Retrocede un poco, estás *demasiado* cerca.

Es la foto de un cristal de azúcar. Este primer plano tan cercano se tomó con un microscopio de electrones, o microscopio electrónico, una herramienta que **amplía** el tamaño de un objeto miles de veces.

Las fotos que se toman con un microscopio de electrones de alta tecnología se llaman fotomicrografías. El cristal de azúcar de la izquierda puede parecer inmenso, pero la palabra *micro* significa pequeño. Lo que vemos aquí es una pequeña parte del cristal de cerca.

La fotomicrografía data de 1840 cuando un científico llamado Alfred Donné fotografió por primera vez imágenes con un microscopio. Hacia 1852, un farmacéutico alemán hizo la primera versión de una cámara que tomaba fotomicrografías. En 1882, Wilson "Copo de nieve" Bentley, de Vermont, se convirtió en la primera persona en usar una cámara con un **microscopio** incorporado para tomar fotografías de los copos de nieve. Sus fotos mostraron que no existe un copo de nieve **característico** y que cada uno es único. En la actualidad, tenemos micrografías de electrones.

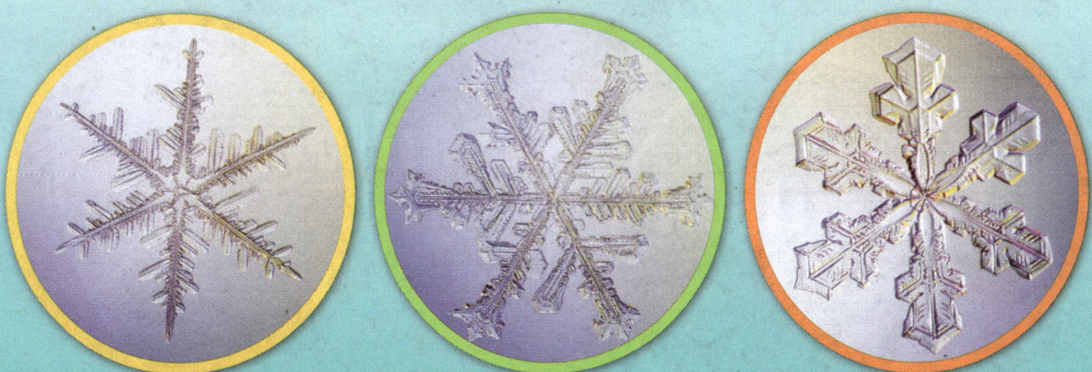

Las fotos de "Copo de nieve" Bentley mostraron que los copos de nieve tienen forma de hexágono.

(r, c, l) Marion Owen/Design Pics/Getty Images

TEXTO EXPOSITIVO

BUSCAR EVIDENCIAS

Leer

Párrafos 1-3

Resumir

Encierra en un círculo detalles clave que tendrías en cuenta para resumir las ideas más importantes de los microscopios de electrones.

Párrafo 4

Secuencia

Subraya el hecho que ocurrió después de que Donné fotografió imágenes con un microscopio. ¿Quién tomó las primeras fotomicrografías de copos de nieve?

____

____

Releer

Técnica del autor

¿Por qué utiliza el autor fotos y leyendas para sustentar la información que presenta en el texto?

LECTURA COMPARTIDA

BUSCAR EVIDENCIAS

Leer

Párrafos 1–3

Resumir

Encierra en un círculo detalles con los que resumirías las nuevas cosas que vieron los científicos gracias a los microscopios de electrones.

Secuencia

Encierra en un cuadrado la oración del párrafo 3 que indica que el autor empleó una estructura del texto de secuencia.

Fotos y leyendas

¿Cómo se relacionan las fotos y leyendas con el texto?

____

____

____

Releer

Técnica del autor

¿Por qué es útil que el autor comience esta sección mencionando los microscopios de tu escuela?

Los microscopios livianos que usas en la escuela no son tan poderosos y no muestran muchos **detalles**. Un microscopio electrónico es una herramienta mucho más potente y les permite a los científicos ver cosas que no podemos ver con nuestros propios ojos, como las células de la piel o los ácaros del polvo.

La siguiente foto es un primer plano de la piel humana y muestra el detalle que puede capturar un microscopio de electrones. Entre más se amplíe una imagen, mayor será el detalle que verás en la foto. La máxima ampliación que una fotomicrografía puede capturar es aproximadamente de dos millones de veces el tamaño original de la imagen.

Las imágenes ampliadas han ayudado a los científicos a ver las causas de las enfermedades. Y, con el tiempo, han podido aprender también cómo se comportan. Al mirar a través de los microscopios hemos incluso aprendido lo que hay dentro de una célula o cómo **se disuelve** un copo de nieve en una gota de agua.

Esta es una huella dactilar humana ampliada con un microscopio electrónico.

El moho que hay sobre una fresa, visto a través de un microscopio de electrones, parece un racimo de uvas.

Los científicos usan las micrografías de electrones para ver cómo cambian los objetos con el tiempo. Por ejemplo, podemos mirar un trozo de fruta para ver si está descompuesta. Primero, la fruta luce fresca. Después de unos días, comienza a ablandarse. Luego, las manchitas de moho aparecen y **se aferran** a ella. Los días pasan y, finalmente, el moho cubre toda la fruta. Podemos ver estos cambios bajo el microscopio mucho antes de lo que podemos verlos solo con nuestros ojos.

Imagina que estás con unos amigos en un día **húmedo** al aire libre. ¿Cómo se vería ampliado el sudor en tu piel? Las posibilidades son infinitas si examinas tu mundo de cerca.

Resumir

Resume oralmente "Tu mundo de cerca". Utiliza tus notas y las fotos y leyendas. Comenta si la predicción que hiciste en la página 2 era correcta.

TEXTO EXPOSITIVO

BUSCAR EVIDENCIAS

Leer

Párrafo 1

Secuencia

Encierra en un cuadrado la expresión que indica cuándo se ablanda la fruta.

Antónimos

Subraya un antónimo de *descompuesta*. Deduce el significado de *descompuesta* con las claves de contexto.

Releer

Técnica del autor

¿Cómo te ayuda el autor a entender la utilidad de los microscopios con la pregunta que hace al final?

Fluidez

Túrnate con un compañero para leer el primer párrafo de la página 5. Asegúrate de leer la pregunta y las oraciones afirmativas con la expresividad adecuada.

Vocabulario

A partir de las oraciones que se dan como ejemplo, comenta con un compañero lo que significa cada palabra. Luego, responde las preguntas.

aferrarse

El mono **se aferra** a una rama del árbol.

¿Qué otro animal se aferra a las ramas?

ampliar

Se puede **ampliar** la imagen de una hoja para ver sus detalles más de cerca.

¿Qué otra cosa puedes ampliar para ver con más claridad?

arenoso

Las playas de California son **arenosas**.

¿Qué otra cosa es arenosa?

característico

La baja temperatura es algo **característico** de Alaska.

Describe algo característico del clima de tu región.

detalle

En esta foto podemos ver los **detalles** de los colores de estos tres pingüinos.

¿Qué palabras se relacionan con detalle?

Tu lista de palabras Elige una de las palabras que anotaste en la página 2 y busca su significado. Con un compañero escribe tres oraciones con esa palabra: una afirmación, una pregunta y una exclamación.

disolverse

La tableta **se disuelve** rápidamente en el agua.

¿Cómo se ve el azúcar cuando se disuelve en el agua?

____

____

húmedo

Me gusta la sensación que da el aire **húmedo** de la selva tropical.

¿Qué otra cosa es húmeda?

____

____

microscopio

Los científicos usaron un **microscopio** para estudiar las células vegetales.

¿Qué te gustaría ver bajo un microscopio?

____

____

Antónimos

Al leer "Tu mundo de cerca", podrías encontrar una palabra desconocida. Busca claves de contexto. Algunas veces el autor utiliza un **antónimo,** es decir, una palabra o frase que significa lo opuesto de la palabra desconocida.

BUSCAR EVIDENCIAS

En la oración de la página 3, "El cristal de azúcar de la izquierda puede parecer inmenso", no estoy seguro de lo que significa inmenso. *Puedo comprender el significado de* inmenso *a partir de la palabra pequeño.*

El cristal de azúcar de la izquierda puede parecer inmenso, pero la palabra *micro* significa pequeño, así que aquí estamos viendo de cerca una pequeña parte del cristal.

Tu turno Usa claves de contexto y antónimos para encontrar el significado de estas palabras en la lectura.

único, página 3 ______________________________

____

poderosos, página 4 ______________________________

____

Zoonar RF/Getty Images

Resumir

Para resumir un párrafo o toda una sección, vuelve a decir con tus palabras las ideas o los detalles clave. Vuelve a leer "Tu mundo de cerca" y resume secciones del texto para asegurarte de que las entiendes.

BUSCAR EVIDENCIAS

Vuelve a leer el párrafo 4 de la página 3. Identifica y resume los detalles clave del párrafo.

Página 3

La fotomicrografía data de 1840 cuando un científico llamado Alfred Donné fotografió por primera vez imágenes con un microscopio. Hacia 1852, un farmacéutico alemán hizo la primera versión de una cámara que tomaba fotomicrografías. En 1882, Wilson "Copo de nieve" Bentley, de Vermont, se convirtió en la primera persona en usar una cámara con un **microscopio** incorporado para tomar fotografías de los copos de nieve. Sus fotos mostraron que no existe un copo de nieve **característico** y que cada uno es único. En la actualidad, tenemos micrografías de electrones.

Wilson Bentley fue la primera persona en tomar fotos de cerca de los copos de nieve, en 1882. Empleó una cámara unida a un microscopio. Sus fotografías mostraron que cada copo de nieve es único.

Acuérdate

Después de leer un párrafo, escribe los detalles más importantes. Cuando termines de leer una página, lee todas tus notas. Esto te servirá para resumir toda la lectura.

Tu turno Vuelve a leer la página 5 de "Tu mundo de cerca" y resume los detalles clave. A medida que lees, enumera las ideas y detalles principales. Luego, vuélvelas a decir con tus palabras.

____

____

____

Fotos y leyendas

"Tu mundo de cerca" es un texto expositivo. En un texto expositivo

- se presentan hechos e información de un tema;
- se incluyen elementos del texto, como fotos y leyendas.

BUSCAR EVIDENCIAS

Puedo afirmar que "Tu mundo de cerca" es un texto expositivo. El autor presenta hechos e información de los microscopios de electrones. Además, incluye fotos y leyendas que muestran lo que se puede ver bajo un microscopio. Estos elementos del texto me sirven para entender mejor la lectura.

De lectores a escritores

Los escritores emplean fotos y leyendas para ayudar a los lectores a comprender mejor un tema. Las fotos muestran lo que se describe con palabras en el texto. Las leyendas dan información adicional del tema. ¿Cómo puedes utilizar estos elementos del texto en tus escritos?

Página 5

El moho que hay sobre una fresa, visto a través de un microscopio de electrones, parece un racimo de uvas.

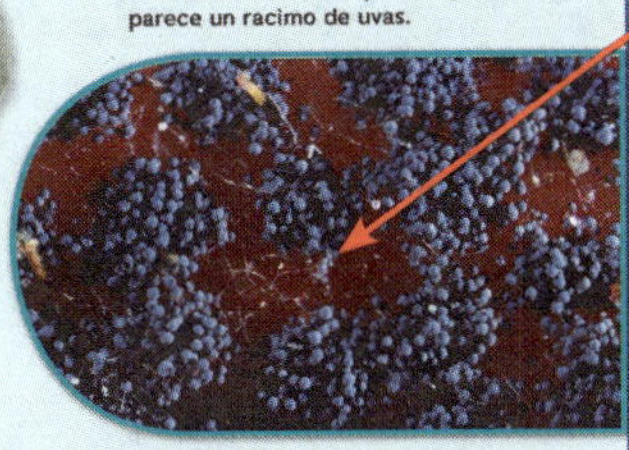

Los científicos usan las micrografías de electrones para ver cómo cambian los objetos con el tiempo. Por ejemplo, podemos mirar un trozo de fruta para ver si está descompuesta. Primero, la fruta luce fresca. Después de unos días, comienza a ablandarse. Luego, las manchitas de moho aparecen y **se aferran** a ella. Los días pasan y, finalmente, el moho cubre toda la fruta. Podemos ver estos cambios bajo el microscopio mucho antes de lo que podemos verlos solo con nuestros ojos.

Imagina que estás con unos amigos en un día **húmedo** al aire libre. ¿Cómo se vería ampliado el sudor en tu piel? Las posibilidades son infinitas si examinas tu mundo de cerca.

Resumir

Resume oralmente "Tu mundo de cerca". Utiliza tus notas y las fotos y leyendas. Comenta si la predicción que hiciste en la página 2 era correcta.

Fotos y leyendas

Las fotos sirven para ilustrar la información descrita en el texto. En las leyendas se explican las fotos y se agrega más información importante sobre el tema.

COLABORA

Tu turno Encuentra y enumera dos elementos del texto de "Tu mundo de cerca". Comenta con un compañero la información que obtuviste de cada elemento.

Secuencia

Los autores utilizan la estructura del texto para organizar la información. La **secuencia** es un tipo de estructura del texto. Los autores que eligen esta estructura presentan la información en orden cronológico y emplean palabras que indican tiempo, como *primero, luego* y *después.*

BUSCAR EVIDENCIAS

En la página 5 de "Tu mundo de cerca", leí cómo se descompone la fruta con el tiempo. Buscaré palabras que indiquen secuencia como primero *y* después.

"Primero, la fruta se ve fresca"

↓

"Después de unos días comienza a ablandarse"

↓

"finalmente, el moho cubre toda la fruta"

COLABORA

Tu turno Vuelve a leer la página 3 de "Tu mundo de cerca". Completa el organizador gráfico de la página 11 con detalles sobre el desarrollo de la fotomicrografía.

Acuérdate

Para encontrar la secuencia, u orden cronológico, busca qué ocurrió primero, luego y por último. Palabras como *primero, luego, entonces, antes, después, ayer, hoy, mañana* y *más tarde* te ayudan a determinar cuándo ocurren las cosas. Para identificar la secuencia, pregúntate mientras lees: *¿cuándo ocurre este suceso?*

Responder a la lectura

COLABORA

Responde por escrito la siguiente pregunta. Piensa cómo presenta el autor la información. Consulta tus notas y el organizador gráfico.

¿Cómo emplea el autor la estructura y los elementos del texto para explicar la forma como los microscopios de electrones ayudan a los científicos?

Acuérdate

Completa estas oraciones para comentar el texto y organizar tus ideas.

- *El autor explica que...*
- *El autor muestra cómo...*
- *El autor me ayuda a entender porque...*

Enlace gramatical

Al escribir tu respuesta, ten en cuenta la forma correcta de hacer comparaciones de superioridad e inferioridad. Al hacer una comparación entre dos personas o cosas utiliza palabras como *más* o *menos* antes de un adjetivo, y luego la palabra *que*:

Tu microscopio es más *poderoso* que *el mío.*

También puedes emplear *mayor que* o *menor que:*

Alberto es mayor que Paz.

Integrar | BÚSQUEDA E INVESTIGACIÓN

CIENCIAS

Leer un diagrama

Los autores presentan la información de manera visual por medio de diagramas. En un **diagrama**:

- se muestran las partes de algo o cómo funciona un proceso;
- se incluyen rótulos y leyendas para identificar cada parte.

Para leer un diagrama, sigue las líneas y flechas que se muestran para señalar las partes. Lee los rótulos bajo cada una de ellas. Los rótulos sirven para describir las partes de un diagrama.

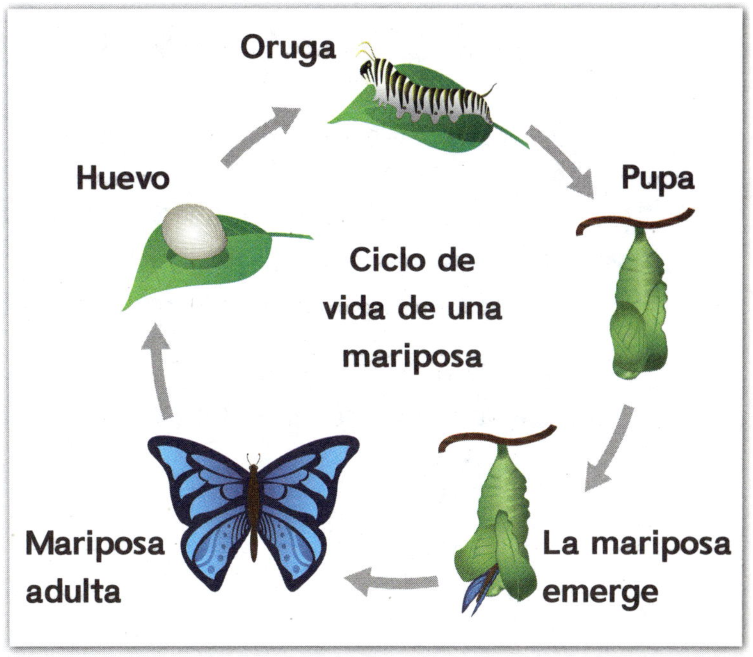

En el diagrama de la derecha se muestra el ciclo de vida de una mariposa. ¿En qué se convierte una larva? Escribe tu respuesta abajo.

____

Si sigues las flechas y lees los rótulos, entenderás las partes, o etapas, del ciclo de vida de una mariposa. ¿Qué hace una mariposa para continuar con el ciclo? Escribe tu respuesta abajo.

____

____

____

____

COLABORA

Haz un diagrama Con un compañero haz un plan de investigación para estudiar la secuencia del ciclo del agua. Utilicen diversas fuentes. Luego:

- elaboren un diagrama del ciclo del agua;
- muestren cómo funciona el proceso con rótulos, descripciones y flechas.

Comenten el plan de investigación y las fuentes que van a utilizar. Al tomar notas, parafraseen la información en lugar de copiarla textualmente. Usar ideas y palabras de otras personas sin darles crédito se llama "plagio". Piensen en cómo quieren presentar el diagrama.

Una gota de agua

Antología de literatura, páginas 360–377

¿Por qué muestra el autor fotos para explicar ideas complejas?

COLABORA

Coméntalo Vuelve a leer la página 362 de la **Antología de literatura.** Luego analiza las fotos de la página 363. Comenta con un compañero lo que observas.

Cita evidencias ¿Cómo se complementan las fotos y el texto? Escribe las evidencias del texto en la tabla de abajo.

Lo que se dice en el texto	→	Lo que muestran las fotografías
	→	
	→	
	→	
	→	

Escribe Las fotos complementan el texto porque ______________________

____

____

____

Hacer inferencias

Al leer el texto, puedes encontrar evidencias que te permitan hacer inferencias. ¿Qué puedes inferir que sucedería si viertes una cucharada de sal en un vaso de agua?

¿Por qué menciona el autor la gota de agua azul para explicar cómo se convierte el agua en hielo?

Coméntalo Vuelve a leer el primer párrafo de la página 364 de la **Antología de literatura.** Comenta con un compañero lo que ocurre con la gota de agua azul cuando se convierte en hielo.

Cita evidencias ¿Cómo te ayuda el autor a entender la diferencia entre el estado líquido y el estado sólido del agua? Completa el organizador gráfico con evidencias del texto.

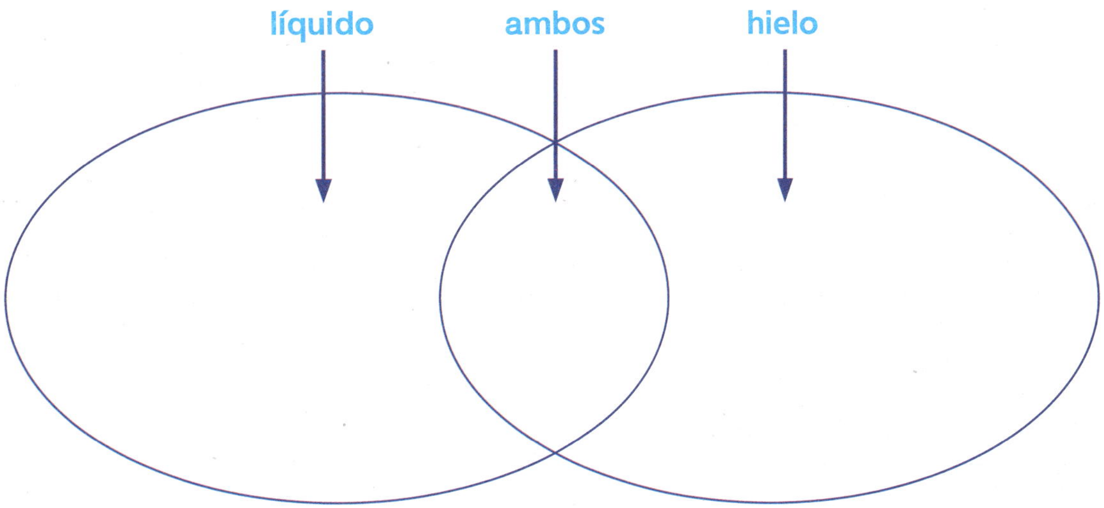

Escribe El autor habla de una gota de agua azul para explicar cómo se forma el hielo porque ____________________

____

____

____

____

Acuérdate

Al volver a leer, imagina lo que describe el autor. Por ejemplo, imagina la gota de agua azul convirtiéndose en hielo.

Sintetizar información

Al leer, relaciona lo que ya sabes con la nueva información que encuentras en el texto. Por ejemplo, relaciona lo que sabías del agua y el hielo con lo que aprendiste de las moléculas de agua en el texto. Piensa en la gota de agua azul. ¿Sería diferente la selección si el autor no hubiera incluido una foto de la gota?

Releer

TEXTO PRINCIPAL

¿Cómo te ayuda a entender el autor su punto de vista con respecto al agua?

COLABORA

Coméntalo Vuelve a leer el último párrafo de la página 377. Comenta con un compañero por qué afirma el autor que el agua es valiosa.

Cita evidencias ¿Con qué razones sustenta el autor su punto de vista con respecto al agua? Escribe las evidencias del texto en la tabla.

Evidencias del texto	Punto de vista del autor

Escribe El autor me ayuda a entender su punto de vista con respecto al agua ______________________________

____

____

____

____

Acuérdate

Para encontrar el punto de vista del autor, busca claves que revelen su opinión del tema.

Hacer inferencias

Lee atentamente el texto para encontrar evidencias que te ayuden a sustentar tus inferencias. Por ejemplo, para inferir el punto de vista del autor, busca las palabras positvas o negativas que emplea para hablar del tema.

Responder a la lectura

COLABORA

Responde por escrito a la siguiente pregunta. Ten en cuenta lo que sabes del agua para escribir tu respuesta. Consulta tus notas y el organizador gráfico.

¿Por qué comienza y termina el autor la selección con una gota de agua?

Santasan/Shutterstock.com

Acuérdate

Completa estas oraciones para organizar las evidencias del texto:

- *El autor comienza la selección con una gota de agua...*
- *Comienza y termina la selección con una gota de agua porque...*

Mis lecturas

Al leer de manera independiente, tómate el tiempo para leer durante un largo periodo. Esto te ayudará a desarrollar una conexión personal con los textos y los temas que te interesan.

Elige un texto. Lee las dos primeras páginas. Si encuentras cinco o más palabras desconocidas, elige otro texto. Anota en tu cuaderno de escritura el título, el autor, el género del libro y tu propósito de lectura.

Releer | LECTURA COMPLEMENTARIA

La increíble poción de encogimiento

Antología de literatura, páginas 380–383

1 Todo empezó como un sencillo proyecto de ciencias.

2 Hace apenas una semana Isabel, Mariela y Héctor trabajaban en una poción de encogimiento que asombraría a todos en la feria de ciencias. Mariela e Isabel habían perfeccionado la poción, pero había sido Héctor quien había creado el antídoto. Desde su descubrimiento, Héctor había perdido interés en ganar el premio de la feria de ciencias y se había interesado más en ver cómo este experimento aumentaría su popularidad. Su corta estatura lo hacía prácticamente invisible para todos en la escuela primaria Washington.

3 Pero ese ya no era el caso, ahora toda la clase levantaba la vista para mirarlo. Había llegado al laboratorio de ciencias con unos pastelillos "especiales" que le habían hecho fácil encoger a toda la clase, incluyendo a su maestra de ciencias, la señorita Sampson. Héctor sonreía con satisfacción mientras ponía a sus compañeros miniatura dentro del tanque de Rambo, la mascota de la clase.

Vuelve a leer el párrafo 2. ¿Por qué encogió Héctor a sus compañeros? **Haz marcas** al lado de la motivación de Héctor. Escríbela abajo.

____

____

____

____

COLABORA

Habla con un compañero de la personalidad de Héctor. **Encierra en un círculo** las palabras que elige el autor para describir a Héctor y explicar sus acciones.

1 Isabel y Mariela escucharon por casualidad los chillidos encogidos de sus compañeros desde el otro lado de la puerta del salón. Habían llegado tarde al laboratorio de nuevo. Echaron un vistazo adentro y rápidamente comprendieron que tenían que hacer algo. Mariela vio que Rambo, equipado con un chaleco de tubos diminutos, olfateaba feliz fuera de su tanque.

2 —¡Rambo tiene el antídoto! —le susurró Mariela a Isabel—. Tendremos que encogernos para entrar a escondidas y tomarlo. ¡Luego podremos ayudarlos a todos a salir del tanque! Con sus manos temblorosas, Isabel sacó una ampolleta. Respiraron profundo y tomaron un sorbo de la poción de encogimiento. El mundo a su alrededor comenzó a crecer...

3 Cuando Isabel y Mariela pasaron por debajo de la puerta del salón, todo se veía ampliado al extremo. Las sillas y los escritorios se alzaban a su lado, incluso los detalles complejos de cada tuerca y tornillo se volvían más claros, como si los vieran bajo un microscopio. Caminaron hasta el otro lado del salón, esquivando migas de pastelillos gigantescas y montones de goma de mascar pegajosa.

Vuelve a leer el párrafo 4. **Encierra en un cuadrado** las palabras con las que el autor describe lo que Isabel y Mariela vieron y escucharon desde afuera del salón de clases.

COLABORA

Vuelve a leer el párrafo 6. Comenta con un compañero lo que vieron Isabel y Mariana al pasar por debajo de la puerta del salón.

Subraya las palabras descriptivas que emplea el autor para hacer que el lector imagine lo que ven Isabel y Mariela. Escríbelas abajo.

Releer

LECTURA COMPLEMENTARIA

¿Cómo los ayuda el autor a visualizar el salón de clases desde la perspectiva de Isabel y Mariela?

COLABORA

Coméntalo Vuelve a leer el fragmento de la página 19. Habla con un compañero de por qué toman la poción Mariela e Isabel.

Cita evidencias ¿Con qué palabras describe el autor el salón de clases desde la perspectiva de Mariela e Isabel? Completa la tabla con evidencias del texto.

Evidencias de texto	Lo que visualizo

Escribe El autor me ayuda a visualizar lo que ven Isabel y Mariela al

____

____

____

Acuérdate

Al volver a leer, pregúntate:

- *¿Con qué palabras se describen las imágenes y sonidos del ambiente? ¿Con qué palabras se describen las acciones y los sentimientos de los personajes?*

Utiliza estos detalles sensoriales para visualizar la escena en tu mente.

asiseeit/E+/Getty Images

Imaginería

La imaginería es el uso de palabras que ayudan a los lectores a visualizar lo que el autor está describiendo. Los autores emplean palabras sensoriales para describir imágenes, sonidos, olores, texturas y sabores. Las palabras sensoriales le permiten al lector crear una idea en su mente de lo que está sucediendo.

BUSCAR EVIDENCIAS

En la página 381 de "La increíble poción de encogimiento", en la **Antología de literatura,** el autor emplea palabras sensoriales para que los lectores visualicen objetos gigantescos. La imaginería ayuda a los lectores a visualizar la experiencia de estar rodeado de migas de pastelillos gigantescas y goma de mascar pegajosa.

> Caminaron hasta el otro lado del salón, esquivando migas de pastelillos gigantescas y montones de goma de mascar pegajosa.

COLABORA

Tu turno Vuelve a leer el primer párrafo de la página 382 de la **Antología de literatura.**

- ¿Qué palabras del autor te ayudan a visualizar la mesa? ______________________

  ____

- ¿Qué palabras del autor te permiten visualizar lo que Isabel hace y siente? ______________________________________

  ____

De lectores a escritores

Al escribir, visualiza el ambiente, los personajes y las acciones. Luego, emplea tus cinco sentidos para describir imágenes, sonidos, olores, sabores y texturas en la escena. Si utilizas palabras sensoriales, tus lectores podrán hacerse imágenes claras en su mente. Estas imágenes mentales hacen que el lector disfrute de la aventura junto con los personajes.

Conexiones del texto

¿Cómo te ayudan a entender el fotógrafo y los autores del *Blast* "¿Qué edad tiene tu agua?" y de las selecciones *Una gota de agua* y "La increíble poción de encogimiento" lo que puedes descubrir cuando observas algo de cerca?

Acuérdate

Las fotos te ayudan a observar de cerca y atentamente el trote del caballo. Esto te servirá para comparar la fotos con las lecturas.

COLABORA

Coméntalo Lee la leyenda y observa la serie de fotos. Comenta con un compañero cómo separó el fotógrafo el movimiento del caballo en partes más pequeñas.

Cita evidencias **Encierra en un círculo** algo que cambia de una toma a otra.

Escribe Las fotos de Eadweard Muybridge y las selecciones me ayudan a entender lo que puedo descubrir si observo algo de cerca

Eadweard Muybridge fue un famoso fotógrafo que retrataba animales y personas en movimiento. Esta serie se titula "Locomoción animal, placa 626" y fue capturada en 1887.

Presentar el trabajo

COLABORA

Comenta el modo en que presentarán el diagrama del ciclo del agua a la clase. Pueden preparar una presentación digital de diapositivas o exponer el diagrama en una pared del salón. Cuando practiquen la presentación, aplica las estrategias que se dan a la derecha. Hagan y reciban sugerencias.

Lo más interesante que aprendí del ciclo del agua es ______________________

____

____

Me gustaría saber más acerca de ______________________________

____

____

Acuérdate

Planifica la presentación con tu compañero. Dividan sus tareas. Decidan quién hablará primero. Ensayen la presentación para saber qué van a decir y cuánto tiempo van a necesitar. Reserven algo de tiempo para las preguntas.

Comprobar la presentación

- ☐ Habla lentamente, con claridad y expresividad.
- ☐ Haz contacto visual con el público.
- ☐ A medida que explicas cada etapa del ciclo del agua, señálala en tu ayuda visual.
- ☐ Escucha con atención las preguntas del público.
- ☐ Escucha atentamente todas las preguntas y sugerencias.

ESCRITURA

Texto modelo

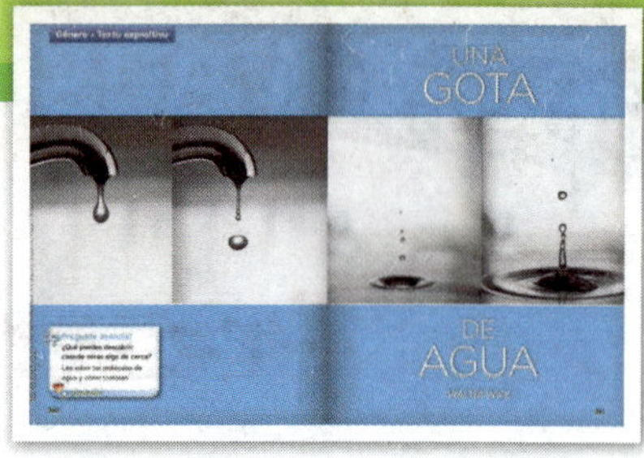

Antología de literatura, páginas 360–377

Características del ensayo explicativo

Un ensayo explicativo es un tipo de texto expositivo. Su propósito es informar a los lectores presentando ideas e información de un tema. En un ensayo explicativo:

- se resume información de diversas fuentes fiables;
- se categoriza o agrupa información relacionada;
- se utilizan palabras de enlace para conectar ideas.

Analiza el texto modelo Estudiar textos expositivos te servirá para aprender a escribir un ensayo explicativo. **Vuelve a leer** la página 362 de *Una gota de agua,* en la **Antología de literatura.** Escribe tus respuestas abajo.

¿Cuál es la idea principal de esta sección del texto? ____________________

____

____

____

Enumera dos ejemplos de palabras o frases de enlace que emplea el autor para conectar las ideas en esta página.

1 ____

2 ____

gramatiNOTAS

En la página 362, el autor hace preguntas para inferir lo que podría suceder con la gota de agua. Al escribir una pregunta dentro de otra oración, la pregunta debe empezar con minúscula:

"...y si no se revuelve esa agua, ¿adónde irá la nueva gota?"

Si la pregunta es independiente, debe empezar con mayúscula:

"¿Se quedará cerca de la superficie o se hundirá hasta el fondo? Un sencillo experimento revela la respuesta"

Planificar: elige un tema

Lluvia de ideas Con un compañero o en grupo pequeño, haz una lluvia de ideas para obtener una lista de cosas (pueden ser seres vivos) que te interesaría ver de cerca.

____

____

____

Instrucción de escritura Elige un objeto o ser vivo de tu lista e investiga sobre este. Escribe un ensayo explicativo a partir de los resultados de tu investigación. Presenta lo que descubriste cuando lo observaste de cerca.

Escribiré sobre ____

Propósito y público El **propósito de un autor** es su razón principal para escribir un texto. Mira los tres propósitos de escritura que se muestran debajo. **Subraya** tu propósito a la hora de escribir un ensayo explicativo.

informar o enseñar   persuadir o convencer   entrener

Piensa en el **público** de tu ensayo explicativo. ¿Quién lo leerá?

Mi público ____

Emplearé el lenguaje ____________________ cuando escriba mi ensayo.

Planifica En tu cuaderno de escritura, haz una tabla de idea principal y detalles para planificar tu ensayo. Escribe el tema en la casilla de idea principal. Luego, escribe en las otras casillas los detalles que la sustentan.

Acuérdate

Al planificar un texto para una audiencia específica, pregúntate:

- *¿Qué sabe el público de mi tema?*
- *¿Qué más necesitan saber?*
- *¿Cómo puedo lograr que imaginen lo que yo veo cuando observo este objeto de cerca?*

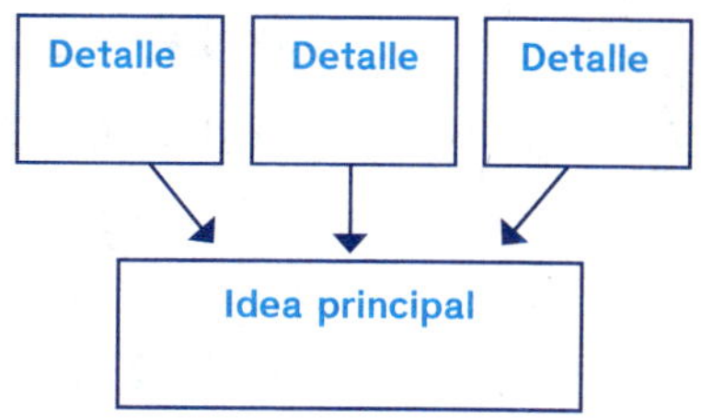

Planificar: toma notas

Investigar Antes de empezar a escribir, investiga en dos fuentes fiables. Algunas fuentes impresas o en línea fiables son: enciclopedias, museos, universidades y sitios web gubernamentales. Lee rápidamente y busca información clave en las dos fuentes que elegiste. Así te asegurarás de tener información suficiente.

p. 10

Enumera dos fuentes que consultarás. Anota el título, el nombre del autor, el nombre del sitio web o publicación, la fecha de publicación y el número de página de cada fuente.

1. ______________________________
2. ______________________________

Toma notas Al volver a leer las fuentes, escribe tus notas en tu tabla de idea principal y detalles. Para tomar notas, debes:

- Hacer preguntas: ¿Qué necesito saber acerca de mi tema?
- Buscar las respuestas en tus dos fuentes.
- Parafrasear la información, escribiendo las respuestas en tus propias palabras. No copies las palabras exactas de una fuente, a menos de que las escribas entre comillas. Así evitarás el plagio.

Recursos digitales

Para obtener más información sobre cómo tomar notas, entra en **my.mheducation.com** y mira el tutorial "Toma notas: fuente escrita".

Marc Romanelli/Blend Images

Hacer un borrador

Categorizar la información Los autores de ensayos explicativos agrupan en párrafos la información relacionada con un mismo tema. Cada párrafo incluye una oración introductoria en la que se expresa la idea principal del párrafo. Los detalles que se mencionan en las otras oraciones están relacionados con la idea principal. En este fragmento de "Tu mundo de cerca", la idea principal es que las imágenes ampliadas han ayudado a los científicos. Las otras oraciones se relacionan con la forma como las imágenes ampliadas han ayudado a los científicos.

> Las imágenes ampliadas han ayudado a los científicos a ver las causas de las enfermedades. Y, con el tiempo, han podido aprender también cómo se comportan. Al mirar a través de los microscopios hemos incluso aprendido lo que hay dentro de una célula o cómo se disuelve un copo de nieve en una gota de agua.

Ahora es tu turno. Utiliza el párrafo de arriba como modelo para escribir acerca del objeto o ser vivo que elegiste. Recuerda agrupar únicamente las ideas relacionadas con la idea principal de tu párrafo.

____

____

____

Haz un borrador Utiliza tu tabla de idea principal y detalles para escribir tu borrador en tu cuaderno de escritura. Asegúrate de que en cada párrafo te enfocas en un tema y en los detalles que estén relacionados con ese tema.

Enlace gramatical

Recuerda utilizar la puntuación correcta cuando haces referencia a las fuentes de tu ensayo. Emplea itálicas o subrayado para el título de un libro, revista o periódico:

- *En la revista Mundo Animal el autor escribe...*

Emplea comillas para el título de un artículo impreso o en línea, o del capítulo de un libro:

- *Según el artículo "Las ocupadas y beneficiosas abejas"...*

Revisar

Conectores Los escritores emplean conectores para hacer que los lectores entiendan la relación entre las ideas. Algunos conectores comunes son: *y, además, pero, así, porque, finalmente, primero, luego, aunque, en consecuencia* y *por lo tanto*. Lee el siguiente párrafo. Luego, revísalo y agrega los conectores para conectar las ideas.

Las abejas viven en colonias. Una abeja es la reina. Las otras son abejas trabajadoras. Las abejas trabajadoras recogen polen. Esto ayuda a alimentar a la colonia. El polen hace que las plantas crezcan. Una cantidad de polen de la flor se adhiere al cuerpo de la abeja. La abeja deja algo de ese polen en la siguiente flor. Esto hace que crezcan más plantas. La abeja se lleva el resto del polen a casa.

Revisión Revisa tu borrador y comprueba que incluiste conectores para conectar las ideas. Asegúrate de que parafraseaste (escribiste con tus palabras) las citas o le diste el crédito al autor.

Acuérdate

Al revisar tu texto, comprueba que tenga diversidad de oraciones. Si tienes muchas oraciones cortas, utiliza palabras de enlace para combinarlas. Por ejemplo, estas dos oraciones cortas se pueden combinar: *Las abejas beben el néctar de las flores. El polen se adhiere a su cuerpo.* Puedes combinarlas con palabras de enlace: *Cuando las abejas beben el néctar de las flores, el polen se adhiere a su cuerpo.*

Charlas entre compañeros

COLABORA

Revisión del borrador Escucha con atención mientras tu compañero lee su trabajo en voz alta. Comenta lo que te gustó. Haz preguntas que ayuden a tu compañero a reflexionar sobre lo que escribió. Haz sugerencias para mejorar el enfoque y la coherencia del texto. Completa estas oraciones:

Me gustó que agrupaste todos los hechos de...

Las palabras de enlace que empleaste me ayudan a...

Esta parte me parece confusa. ¿Puedes explicarme por qué...?

Sugerencias de compañeros Cuando tu compañero haya comentado tu borrador, escribe una de las sugerencias que aplicarás. Consulta la tabla de pautas de evaluación de la página 31.

A partir de las sugerencias de mi compañero ______________________

____

____

____

Luego de la charla entre compañeros, reflexionen. ¿Resultó útil el intercambio? ¿Qué podrían hacer de otro modo la próxima vez?

Revisión Al revisar tu borrador, consulta las sugerencias de comprobar la revisión para determinar qué ideas debes agregar, eliminar, combinar o reorganizar. Consulta las pautas de calificación de la página 31.

Comprobar la revisión

- ☐ ¿Agrupé en párrafos los detalles relacionados?
- ☐ ¿Presenté las ideas en un orden lógico?
- ☐ ¿Utilicé palabras de enlace para conectar las ideas?
- ☐ ¿Escribí oraciones diversas para hacer el texto más interesante?
- ☐ ¿Empleé correctamente las palabras de contenido?
- ☐ ¿Qué puedo agregar o quitar para hacer mi explicación más clara?

Corregir

Al **corregir** tu texto, tienes que buscar errores de ortografía, puntuación, uso de mayúsculas y otros aspectos gramaticales. Si lees el borrador varias veces, estarás seguro de no pasar por alto ningún error. Fíjate en las sugerencias de comprobar la corrección.

Comprobar la corrección

- ☐ ¿Comienzan con mayúscula todas las oraciones después de un punto y terminan con un signo de puntuación?
- ☐ ¿Todas las oraciones tienen sujeto y predicado?
- ☐ ¿Los títulos de las fuentes están citados correctamente?
- ☐ ¿Se utilizan correctamente las comas?
- ☐ ¿Se utilizan correctamente los adjetivos comparativos?
- ☐ ¿Están todas las palabras escritas correctamente?

Enlace gramatical

Si vas a incluir una cita textual, recuerda estas reglas:

- Copia las palabras exactas del texto.
- Emplea comillas de apertura y cierre en la cita completa.
- Indica quién escribió la cita. Por ejemplo: En el libro *Abejas en todas partes,* el Dr. Myers escribe: "Las abejas son muy trabajadoras". (Ten en cuenta que el signo de puntuación debe ir afuera de las comillas).

Escribe dos errores que hayas encontrado al corregir tu texto.

1. ______________________________

____

2. ______________________________

____

Publicar, presentar y evaluar

Publicación Al **publicar** tu texto, muestra una copia limpia, clara y sin errores. Asegúrate de escribir tu texto en cursiva de forma legible. Comprueba que agarras el lápiz correctamente entre el dedo índice y el pulgar. Considera incluir dibujos o imágenes descargadas de internet, ya que harán tu trabajo más atractivo.

Presentación Cuando estés listo para **presentar** tu trabajo, ensaya tu presentación. Como guía, lee las pautas de comprobar la presentación.

Evaluación Después de publicar tu texto, lee las pautas de evaluación que se muestran abajo para **evaluar** tu texto.

¿Qué aspectos son satisfactorios? ______________________________

¿Qué partes requieren más trabajo? ______________________________

____

Comprobar la presentación

- ☐ Siéntate o párate erguido.
- ☐ Mira al público.
- ☐ Habla con claridad y a un volumen lo suficientemente alto como para que todos te escuchen.
- ☐ Utiliza un tono amigable, pero formal.
- ☐ Responde a conciencia las preguntas del público.

4	3	2	1
• La explicación es atractiva y se enfoca en un único tema y propósito. • La información está agrupada en párrafos de acuerdo con el tema y los detalles clave. • El uso de palabras de enlace es consistente.	• La explicación es clara y se enfoca, en su mayoría, en un único tema y propósito. • La información está, en su mayoría, agrupada en párrafos según el tema. • Las palabras de enlace son adecuadas.	• La idea principal del tema es poco clara y el enfoque no tiene un propósito. • Muchos detalles no están agrupados en párrafos según el tema. • El uso de palabras de enlace es inconsistente.	• La idea principal es confusa o no hay un enfoque en el propósito. • Muchos detalles no están agrupados en párrafos según el tema. • El texto tiene pocas palabras de enlace o ninguna.

Coméntalo

Pregunta esencial

¿De qué formas las personas muestran que les importan los demás?

COLABORA

Las personas muestran que les importan los demás de diferentes maneras. Mira la foto. ¿Cómo demuestra el niño que le importa la otra persona?

¿De qué formas demuestras que te importan tus amigos y tu familia?

Comenta con un compañero qué puedes hacer para ayudar a los demás. Recuerda hacer contacto visual al hablar. Pronuncia y habla lenta y claramente. Aplica las normas del lenguaje. Escribe tus ideas en la tabla.

Muestra que te importa

Ve a **my.mheducation.com** y lee el *Blast* "Dar una mano". Piensa en cómo puedes usar tus pasatiempos para ayudar a los demás. Luego, comenta tus respuestas al *Blast*.

LECTURA COMPARTIDA

DA UN VISTAZO PRELIMINAR Y HAZ PREDICCIONES

Para concentrarte mientras lees, da un vistazo preliminar al texto y haz una predicción de lo que pasará en el relato. Lee el título, da un vistazo a las ilustraciones y piensa en el género. Escribe tu predicción abajo.

A medida que lees, anota:

Palabras interesantes:

Detalles clave:

Miguel Robledo

Pregunta esencial

¿De qué formas las personas muestran que les importan los demás?

Lee cómo la maestra de Marcos y Cecilia se interesa por su viaje.

Vacaciones de verano

Llega el gran día, Marcos y Cecilia van rumbo al campamento de verano internacional. Sus padres les habían prometido que los enviarían si sus notas eran excelentes. Solo habían salido de La Paz para ir a Sucre, otra ciudad boliviana, por lo que este viaje era como una travesía al espacio.

—Siento mucha **emoción** —dice Marcos—, conoceremos a mucha gente. Y lo más importante es que son de diferentes países. ¡Espero aprender mucho de ellos!

—Sí, eso espero también—contesta Cecilia—. Recuerda la recomendación de nuestra maestra: lo que para nosotros es normal, para alguien de un entorno cultural diferente puede ser un gesto de mala educación.

—Tienes razón, debemos ser muy cuidadosos —responde Marcos—. Algo que me da un poco de miedo es no poder hablar con la gente. ¡Recuerda que la maestra dijo que habrá niños que no hablan español!

—¡No olvides el diccionario de inglés que ella nos dio! —agrega Cecilia.

Los hermanos sienten un agradecimiento especial hacia la señora Lucía, su maestra de **historia**, pues ella les había dado mucha información acerca de este campamento internacional.

Al llegar al campamento, conocen a dos chicos: Kingsley, un joven nigeriano de 13 años, y Maiko, una chica japonesa de 14 años. Es la primera vez que visitan Suramérica, aunque Maiko tiene dos primos **adoptivos** en Perú.

La comunicación entre los niños no es fácil. Maiko y Kingsley hablan inglés y no saben nada de español. Así que Cecilia y Marcos podrán practicar su inglés, pero tendrán que esforzarse para hacerse entender.

Una actividad consiste en hacer una exposición acerca de su país de origen. Deberán contarles a sus compañeros acerca del idioma, la comida y las festividades más importantes de su país, para que conozcan su **herencia** cultural.

—Organicemos la exposición los cuatro, así nos **apoyamos** —dice Cecilia. Pasan la tarde y parte de la noche intercambiando información. Maiko habla de Tokio con una sonrisa. Les cuenta de la sobrepoblación, siente que Tokio es una lata de sardinas, y de la comida, que es principalmente arroz y pescado. También les habla de las festividades que se celebran allí.

FICCIÓN REALISTA

BUSCAR EVIDENCIAS

Leer

Párrafos 1-7

Visualizar

Subraya el texto que te ayuda a visualizar las acciones de Marcos, Cecilia y su maestra.

Párrafo 5

Encierra en un cuadrado el problema que pueden tener Marcos y Cecilia en el campamento. Escribe el problema abajo.

____

____

Prefiguración

Encierra en un círculo la oración que indica que los niños tendrán que esforzarse en el campamento internacional.

Releer

Técnica del autor

¿Cómo te ayuda lo que dice el autor sobre otras culturas a entender las diferencias entre distintas culturas?

LECTURA COMPARTIDA

BUSCAR EVIDENCIAS

Leer

Párrafos 3-5

Problema y solución

Encierra en un cuadrado el problema que tienen los niños al preparar la presentación. Escribe la solución que encontraron.

Párrafo 1

Símiles y metáforas

Encierra en un círculo las dos comparaciones del párrafo 1. ¿Son símiles o metáforas?

Visualizar

Subraya las frases que te ayudan a imaginar las festividades de las que habla Kingsley.

Releer

Técnica del autor

¿Cómo ayudan los diálogos que incluyó el autor en el relato a comprender el problema y su solución?

Marcos y Cecilia les cuentan acerca de La Paz y de su clima, que es frío como el hielo la mayor parte del año, pues la ciudad está en lo alto de los Andes. También de la comida, como el caldo de carne de cerdo en ají amarillo y los productos derivados del maíz, que es oro, decía su madre. En cuanto a festividades, ellos tienen fiestas muy hermosas durante todo el año, como la "Feria de Alasitas", donde se compran miniaturas **idénticas** a cosas que les gustaría tener en el futuro.

Todos parecen muy contentos, excepto Maiko:

—La verdad es que no entiendo nada cuando ustedes usan la palabra "herencia" —afirma Maiko, preocupada.

Los demás se miran sin saber qué hacer, hasta que Marcos tiene una idea:

—Voy a buscar en el diccionario... ¡aquí está!...—dice Marcos señalando en el libro: significa "*heritage*" en inglés.

—¡Ahora lo entiendo! —dice Maiko.

Finalmente, Kingsley les habla de su ciudad natal, Abuya, que está situada en el centro del país y se empezó a construir en 1976. Su plato preferido es el *suya* (asado de hígado y carne en ramitas) que prepara su tía. Las fiestas que más le gustan son las de diciembre, en las que la música es muy importante porque incluyen percusión y baile, dice mientras hace un paso de baile típico.

Después de terminar el trabajo, los niños no se sienten tan cansados:

—Espero que sigamos siendo amigos y podamos visitarnos en las próximas vacaciones —dice Maiko.

—Yo también espero verlos pronto. Ya sea en un nuevo campamento o en la casa de uno de nosotros. **Ahorraré** para visitarlos —les dice Kingsley.

Llega el momento de hacer la presentación sobre sus países de origen y los cuatros niños **exponen** delante de todo el grupo. Todo sale como esperaban y al finalizar la presentación se abrazan. Tienen la esperanza de que esta no sea la última vez que se vean y de que esta amistad dure muchos años. Esa amistad es como un verdadero tesoro.

Resumir

Escribe un resumen de los sucesos de "Vacaciones de verano" a partir de tus notas y las ilustraciones. Comenta si tu predicción de la página 34 era correcta.

Miguel Robledo

BUSCAR EVIDENCIAS

Leer

Párrafo 2

Símiles y metáforas

Encierra en un círculo el símil del párrafo 2. ¿Cuáles son las dos cosas que se comparan?

____

____

Evaluar información

Subraya el suceso que permite saber que los niños se tienen cariño y van a extrañarse en el futuro. ¿Qué te dice ese gesto sobre la relación entre ellos?

____

____

____

Releer

Técnica del autor

¿En el desenlace del relato, cómo expresa el autor que la relación entre los niños ha cambiado?

Vocabulario

A partir de las oraciones que se dan como ejemplo, comenta con un compañero lo que significa cada palabra. Luego, responde las preguntas.

adoptivo

José es el hijo **adoptivo** de Teresa y Felipe.

¿De dónde te gustaría tener un hermano adoptivo?

____

____

ahorrar

Martina y Federico están **ahorrando** para irse de viaje por Suramérica.

¿Para qué te gustaría ahorrar?

____

____

apoyar

Es bueno **apoyar** a los amigos cuando practican algún deporte.

¿Cómo has apoyado a alguien en un momento difícil?

____

____

emoción

Gabriela se echó a llorar de la **emoción**.

¿Qué actividad te provoca más emoción?

____

____

exponer

Los abogados **exponen** sus argumentos para defender a sus clientes.

¿Cuándo has tenido que exponer algo frente a otras personas?

____

____

Tu lista de palabras Subraya una palabra que te parezca interesante y busca su significado en un diccionario impreso o en línea. En tu cuaderno de escritura, escribe la palabra y su significado. Luego, busca sinónimos de la palabra y haz una lista de ellos.

herencia
El color de cabello de Sofía es **herencia** de su madre.

¿Qué características físicas tuyas son herencia de tus padres?

____

____

historia
En la clase de **historia** podemos aprender acerca de nuestros antepasados.

¿Qué acontecimiento recuerdas de la historia de tu país?

____

____

idéntico
Camila y Sandra tienen peinados **idénticos**.

¿Qué significa que dos hermanos sean gemelos idénticos?

____

____

Símiles y metáforas

El lenguaje literal es el uso de las palabras según su definición del diccionario. El lenguaje figurado, como el símil, le da a las palabras un significado diferente para apelar a los sentidos. Un **símil** es una comparación que se hace con la palabra *como*. Una **metáfora** es la comparación de dos o más cosas sin la palabra *como*.

BUSCAR EVIDENCIAS
Veo una metáfora en el último párrafo de la página 35: "Tokio es una lata de sardinas". En esta oración, se compara a la ciudad con una lata de sardinas.

Les cuenta de la sobrepoblación, siente que Tokio es una lata de sardinas, y de la comida, que es principalmente arroz y pescado.

Tu turno Busca el símil y la metáfora. Indica qué se compara y si es un símil o una metáfora.

"los productos derivados del maíz, que es oro, decía su madre", página 36

____

"este viaje era como una travesía al espacio", página 35

____

Miguel Robledo

Visualizar

Al leer, imagina los personajes, los sucesos clave y el ambiente del relato. A medida que lees "Vacaciones de verano", detente y visualiza los sucesos que te ayuden a comprender mejor el relato.

Acuérdate

Los detalles sensoriales son palabras y frases con las que se describen los cinco sentidos. Recuerda que tus cinco sentidos son la vista, el oído, el tacto, el olfato y el gusto. Los autores utilizan detalles sensoriales para ayudar a los lectores a visualizar el relato que están leyendo.

BUSCAR EVIDENCIAS

Después de leer la página 35 de "Vacaciones de verano", puedo imaginar los sucesos descritos en el relato a partir de los detalles.

Página 35

—Organicemos la exposición los cuatro, así nos **apoyamos** —dice Cecilia. Pasan la tarde y parte de la noche intercambiando información. Maiko habla de Tokio con una sonrisa. Les cuenta de la sobrepoblación, siente que Tokio es una lata de sardinas, y de la comida, que es principalmente arroz y pescado. También les habla de las festividades que se celebran allí.

Visualizo a Maiko sonriendo mientras habla de Tokio. Esto me permite comprender que se siente feliz al hablar de su ciudad.

COLABORA

Tu turno Vuelve a leer la página 36 de "Vacaciones de verano". Visualiza el paso de baile que hace Kingsley. ¿Qué te dice esa imagen de Kingsley y sus gustos? Mientras lees, recuerda aplicar la estrategia de visualizar.

____

____

Prefiguración

La selección "Vacaciones de verano" es un texto de ficción realista. Una **ficción realista** es un relato inventado con personajes, sucesos y un ambiente realista. Incluye diálogo y puede contener elementos literarios como la prefiguración. La ficción realista puede contarse desde un punto de vista en primera o en tercera persona.

BUSCAR EVIDENCIAS

Puedo decir que "Vacaciones de verano" es ficción realista. Los niños son de ciudades que existen. El texto relata sucesos que pueden ocurrir en la vida real. Además, el relato incluye prefiguración.

De lectores a escritores

En el punto de vista de la tercera persona, el narrador describe los pensamientos y sentimientos de uno o varios personajes, y utiliza los pronombres *él, ella, ellos, ellas.* En el punto de vista de la primera persona, uno de los personajes es el narrador y utiliza los pronombres *yo, mi, nosotros.*

Página 35

—Sí, eso espero también—contesta Cecilia—. Recuerda la recomendación de nuestra maestra: lo que para nosotros es normal, para alguien de un entorno cultural diferente puede ser un gesto de mala educación.

—Tienes razón, debemos ser muy cuidadosos —responde Marcos—. Algo que me da un poco de miedo es no poder hablar con la gente. ¡Recuerda que la maestra dijo que habrá niños que no hablan español!

practicar su inglés, per esforzarse para hacers

Una actividad cons una exposición acerca de origen. Deberán co compañeros acerca del la comida y las festivid importantes de su país conozcan su **herencia**

—Organicemos la e los cuatro, así nos **apoy** Cecilia. Pasan la tarde

Prefiguración

La prefiguración es una insinuación de lo que va a suceder sin contar toda la acción. Cuando la maestra les da recomendaciones para el viaje y el diccionario, el autor le da al lector una clave de que el idioma y la comunicación serán importantes más adelante.

Tu turno Busca y escribe otros dos ejemplos que muestren que "Vacaciones de verano" es ficción realista. Luego, identifica otro ejemplo de prefiguración en el relato.

Releer | LECTURA COMPARTIDA

Problema y solución

Identificar el **problema** y la **solución** de un relato puede ayudarte a comprender a los personajes, el ambiente y la trama. El problema es lo que los personajes quieren hacer, cambiar o descifrar. La solución es cómo se resuelve el problema.

BUSCAR EVIDENCIAS

Mientras leo las páginas 35 y 36, puedo ver que Marcos y Cecilia tienen un problema. Voy a señalar los sucesos clave del relato. Luego, puedo averiguar cómo encuentran una solución.

Personajes
Marcos, Cecilia, la maestra Lucía, Kingsley, Maiko

↓

Ambiente
el campamento internacional

↓

Problema
Marcos y Cecilia tienen dificultades para comunicarse con los otros niños. Los cuatro niños deben trabajar juntos en una actividad.

COLABORA

Tu turno Vuelve a leer "Vacaciones de verano". Completa el organizador gráfico de la página 43. Identifica los personajes, el ambiente y el problema. Luego, busca dos sucesos importantes del relato. Utiliza los sucesos para encontrar la solución.

Acuérdate

Recuerda que los personajes son las personas o los animales de un relato. Estos suelen tener un problema que necesitan resolver. El ambiente es el lugar y el momento en el que ellos solucionan el problema. Para encontrar el problema en el relato, puedes preguntarte: *¿qué está mal?* Para encontrar la solución, puedes preguntarte: *¿cómo solucionaron los personajes el problema?*

Personajes

Ambiente

Problema

Sucesos

Solución

Responder a la lectura

COLABORA

Responde por escrito la siguiente pregunta. Piensa en cómo el autor se enfoca en la relación de los cuatro niños a lo largo del relato. Consulta tus notas y el organizador gráfico.

¿Cómo desarrolla el autor la relación de los cuatro niños a lo largo del relato?

Acuérdate

Completa estas oraciones para poner en orden las evidencias del texto.

- *Al principio, Marcos y Cecilia...*
- *Luego, Marcos y Cecilia...*
- *Al final, los niños...*

Enlace gramatical

Recuerda incluir adjetivos en tu texto. Estos son palabras que describen sustantivos, es decir, personas, lugares, cosas o ideas. Los adjetivos hacen tu texto más interesante. En la mayoría de casos, los adjetivos van después del verbo *ser*. Por ejemplo: *Los hermanos están cansados.* Cuando se le agrega el sufijo -ísimo/ísima a un adjetivo se forma un superlativo. Los superlativos describen un objeto en grado máximo:
bueno + -ísimo: buenísimo
rojo + -ísima: rojísima

Integrar **BÚSQUEDA E INVESTIGACIÓN**

ESTUDIOS SOCIALES

Haz un plan de investigación

Al hacer un proyecto de investigación, elabora un plan. Un **plan de investigación** te ayuda a organizar tus notas y a tratar un único tema. Estos son algunos elementos que puedes incluir en tu plan:

- En una tabla de investigación puedes escribir lo que ya sabes del tema, lo que quieres averiguar y las palabras y frases clave que vas a utilizar en tu búsqueda.
- Escribe una lista de preguntas de investigación sobre el tema en la columna del medio de la tabla. Utiliza *¿quién?, ¿qué?, ¿dónde?, ¿cuándo?, ¿por qué?* y *¿cómo?*

TABLA DE INVESTIGACIÓN		
Lo que sé de mi tema	Lo que quiero averiguar de mi tema	Frases y palabras clave

Escribe abajo una pregunta de investigación.

____

____

COLABORA

Haz un cartel para un festival cultural Con un compañero o en un grupo pequeño, investiga diferentes festividades de tu estado. Elige una que les interese.

- Haz una tabla de investigación y completa las tres columnas.
- Pide ayuda a tu maestro o al bibliotecario con las preguntas de investigación.
- Toma notas de la historia, las costumbres y la comida relacionada con la festividad.
- Haz un cartel impreso o digital para un festival cultural de una festividad.
- Incluye imágenes e información en el cartel.
- Comparte tu cartel con tus compañeros.

Lane Oatey/Getty Images

Releer | TEXTO PRINCIPAL

El árbol de las preguntas

¿Cómo te ayuda lenguaje figurado empleado por el autor a entender el problema de la protagonista?

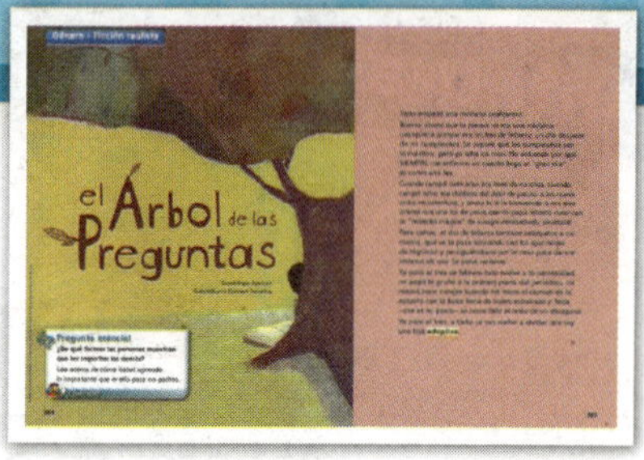

Antología de literatura, páginas 384-401

COLABORA

Coméntalo Vuelve a leer las páginas 386 y 387 de la **Antología de literatura.** Comenta con un compañero cómo describe la narradora el problema que enfrenta.

Cita evidencias ¿Cómo puedes comprender el problema del relato a partir del lenguaje figurado? Completa el organizador gráfico con evidencias del texto.

Lenguaje figurado	Qué describe

Escribe El uso de lenguaje figurado me permite entender que ____________

____

____

Sintetizar información

Emplea lo que ya sabes del lenguaje figurado para entender mejor lo que lees. Describe un problema que hayas enfrentado y cómo lo resolviste a partir de lo que has aprendido sobre los sentimientos de la narradora.

¿Cómo emplea el autor los diálogos para explicar el título de la selección?

COLABORA

Coméntalo Vuelve a leer las páginas 390 y 391 de la **Antología de literatura.** Comenta con un compañero cómo los diálogos muestran que el árbol genealógico puede ser un árbol de las preguntas.

Cita evidencias ¿Qué dicen los personajes sobre el árbol genealógico de Isabel? Completa el organizador gráfico.

	Pregutas sobre el árbol genealógico	Qué piensan del árbol de Isabel
Otros personajes		
Isabel		

Escribe Las preguntas que se hacen los personajes me ayudan a entender el título de la selección porque ______________________

____

____

____

____

Acuérdate

Completa estas oraciones para comprender mejor la importancia de las preguntas del relato.

- *Las preguntas de los otros personajes me sirven para entender...*
- *Las preguntas de Isa me muestran que...*

Hacer inferencias

El autor no siempre le dice al lector todo sobre un personaje o un suceso. Los autores dan claves que ayudan al lector a inferir o tomar decisiones lógicas acerca de los personajes y sucesos del relato. ¿Qué puedes inferir de la relación de Isabel con sus padres a partir de las claves del relato?

Releer | # TEXTO PRINCIPAL

¿Por qué es importante el uso de hipérboles en el relato?

COLABORA

Coméntalo Vuelve a leer la página 392 de la **Antología de literatura.** ¿Qué significa la expresión "me puse como *Hulk* con dolor de muelas"? Comenta con un compañero cuándo y por qué la usarías.

Cita evidencias ¿Cómo te ayudan las hipérboles que utiliza Isabel a comprender el texto? Completa el organizador gráfico con evidencias del texto.

Claves	Propósito de la autora

Escribe La autora incluye hipérboles en el relato para ______________________

____

____

____

____

Acuérdate

A medida que lees, identifica las hipérboles. Las hipérboles sirven para expresar los sentimientos y las opiniones de los personajes. También sirven para que los lectores visualicen a los personajes.

Evaluar información

Lee las hipérboles del relato. ¿Cuál de ellas te ayuda a entender cómo se siente Isabel? ¿Cómo te permite comprender mejor lo que sucede en el relato?

Responder a la lectura

COLABORA

Responde por escrito la siguiente pregunta. Piensa en cómo la autora se centra en el problema de Isabel a lo largo del relato. Consulta tus notas y el organizador gráfico.

¿Por qué *El árbol de las preguntas* es un buen título para este cuento?

Acuérdate

Completa estas oraciones para organizar tus evidencias del texto.

- *La autora muestra que Isabel...*
- *La autora lo hace...*
- *Así, las ilustraciones apoyan el texto al...*

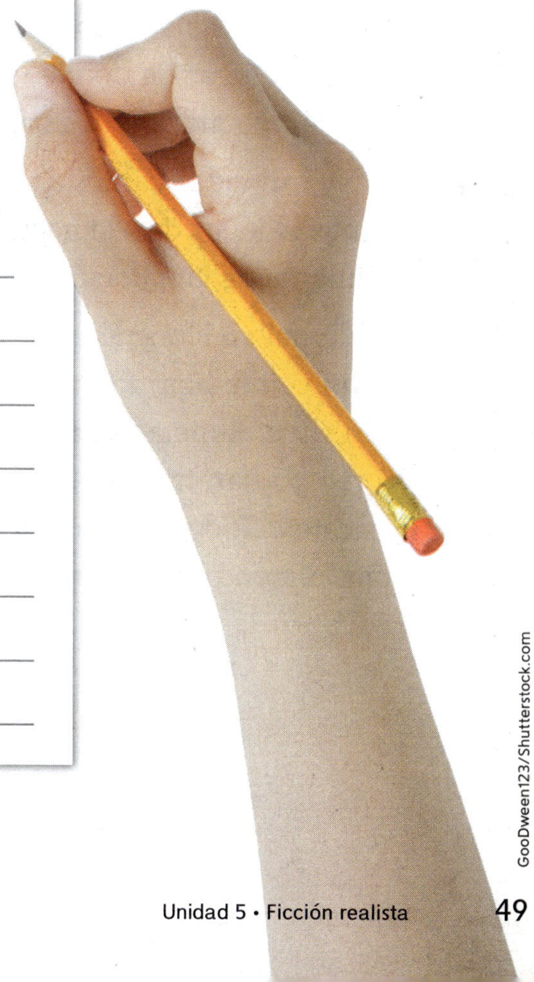

GooDween123/Shutterstock.com

Releer | LECTURA COMPLEMENTARIA

De Miami vía Fujian

1 Algunas veces, me pregunto quién soy realmente.

2 Cada vez que lo pienso me repito: oye, Mariel, eres una niña de quinto grado, bajita, de cabello negro y liso, y ojos almendrados. Vives en Miami y sabes con certeza de dónde viene tu familia.

3 Mis abuelos hablan sobre Cuba, ellos mencionan las playas y bandas de *smooth jazz*. Mi mamá me dijo que, tras haber ahorrado algún dinero, íbamos a visitar el lugar de donde vengo. De inmediato imaginé una aldea en Cuba.

4 "No, mi vida. Vamos a viajar a China para que veamos el lugar donde naciste". Su voz temblaba sutilmente de la emoción.

5 ¡El vuelo a Hong Kong duró una eternidad, fueron veinte horas! La ciudad me deslumbró. Carros y motonetas se movían por todos lados. ¿Cómo podían tantas personas amontonarse en las aceras? Todo el mundo tenía el pelo negro y liso, y ojos almendrados como los míos.

Antología de literatura, páginas 404–407

Vuelve a leer los párrafos 1-4. **Subraya** las palabras y frases del párrafo 2 que te indican cómo Mariel se describe a sí misma. **Encierra en un cuadrado** el lugar que Mariel piensa que va a visitar. Escribe por qué Mariel se pregunta quién es ella realmente.

____

____

____

____

COLABORA

Vuelve a leer el párrafo 5. Comenta con un compañero por qué Mariel queda impresionada por Hong Kong. **Encierra en un círculo** las evidencias del texto que sustentan tu respuesta.

1 La guardería tenía paredes blancas, y el suelo estaba cubierto de piezas de rompecabezas de espuma suave que parecían malvaviscos gigantes. Una línea de cunas estaba alineada contra un muro, donde una mujer mayor mecía a un bebé que lloraba. Cuando nos vio, habló emocionada.

2 La Srta. Guo tradujo: "Xing Hua no puede creer lo grande que estás". La Srta. Guo nos guió a un salón repleto de niños. La profesora escribía en el tablero en inglés. Después de la lección, los niños corrieron al patio para el recreo. Una niña de más o menos mi edad se quedó. Era más bajita que yo y tenía el pelo atado en colas de caballo.

3 Le pregunté: "¿Cómo te llamas?".

4 "Mei Jing".

5 "¿Eres la mayor aquí?".

6 "Sí. Tengo diez años".

7 Tenía un millón de preguntas, pero no quería molestarla. Titubeó y luego me preguntó: "¿Tu escuela es divertida? ¿Te gusta?".

8 "Por supuesto, ¿y a ti?".

9 "Sí. Pero quiero ir a una escuela en la ciudad, con niños mayores".

10 Me sentí mal por Mei Jing, estaba atrapada. Esperaba que encontrara padres.

Vuelve a leer los párrafos 1–10 con un compañero. **Subraya** la oración que te indica por qué Mariel se siente mal por Mei Jing.

Mira el glosario. Comenta con tu compañero las palabras y sus significados.

Glosario

bai cai: col china, un tipo de repollo

dim sum: bollos de masa hervida y otros platos pequeños que se sirven en carretas

Fujian: lugar en la costa sudoriental de la China continental

Kowloon: un área urbana densa en Hong Kong

¿Qué palabras nombran cosas?

____

¿Qué palabras nombran lugares?

____

Releer | # LECTURA COMPLEMENTARIA

¿Cómo da a conocer el autor la personalidad de Mariel?

COLABORA

Vuelve a leer los párrafos de las páginas 50 y 51. Comenta con un compañero cómo el autor describe a Mariel. Piensa en las palabras y acciones de Mariel.

Cita evidencias Vuelve a leer el diálogo entre Mariel y Mei Jing. ¿Qué claves da el autor en el relato sobre la personalidad de Mariel? Completa el organizador gráfico.

Evidencias
↓
↓
↓
Inferencia

Escribe Al describir a Mariel y su conversación con Mei Jing, el autor

___

___

___

Acuérdate

Los escritores no siempre le dicen a los lectores todo lo que sucede en un relato. En cambio, pueden incluir claves o detalles en el relato, que ayudan a los lectores a hacer inferencias o a descubrir cosas por sí mismos.

Por ejemplo, un escritor puede decir que el estómago de un niño está haciendo mucho ruido, y a la vez incluir una ilustración de un reloj que da las 12:00 del mediodía. El lector puede inferir que el niño está hambriento a partir de las claves del relato.

Hacer inferencias

En ocasiones, los escritores no les dicen a los lectores todo lo que sucede en un relato. Por lo tanto, incluyen claves o detalles para que los lectores puedan descubrir cosas por sí mismos. Cuando **haces una inferencia,** sacas conclusiones de los personajes, el ambiente o la trama a partir de claves del texto.

BUSCAR EVIDENCIAS

En la página 50 de "De Miami vía Fujian", el autor da claves de los sentimientos de la mamá de Mariel con respecto al viaje a China. El autor no dice cómo se siente ella. En cambio, escribe que su voz temblaba sutilmente de la emoción. Esto da una pista de que el viaje traerá recuerdos felices de cuando Mariel fue adoptada.

> "No, mi vida. Vamos a viajar a China para que veamos el lugar donde naciste". Su voz temblaba sutilmente de la emoción.

COLABORA

Tu turno Lee los párrafos 1-6 de la página 51.

- ¿Qué puedes inferir sobre los sentimientos de Xing Hua por Mariel?

____

____

- ¿Qué puedes inferir sobre los sentimientos de Mei Jing por Mariel?

____

____

De lectores a escritores

Si quieres que tus lectores hagan inferencias, incluye suficientes claves o detalles. Utiliza palabras descriptivas para hablar de los personajes y los ambientes. Puedes recurrir al diálogo para expresar cómo se siente un personaje sobre algo, sin mostrar cómo es realmente la persona.

Integrar | HACER CONEXIONES

Conexiones del texto

¿Cómo emplea Edwin Markham el lenguaje figurado para describir los sentimientos de los personajes? ¿En qué se parece el uso del lenguaje que hace Markham al que hacen los autores de *El árbol de las preguntas* y "De Miami vía Fujian"?

COLABORA

Coméntalo Lee el poema con un compañero. Comenta lo que hace la voz poética y cómo se siente.

Cita evidencias **Subraya** las palabras y frases en el poema que te permiten visualizar cómo se siente la voz poética. **Encierra en un círculo** cómo sabes que hacer algo bueno por otra persona hace sentir bien a la voz poética.

Escribe El lenguaje figurado que emplea Edwin Markham en el poema es como ______________________________

____

____

____

____

____

____

____

____

____

Acuérdate

El lenguaje figurado que emplea el poeta te ayuda a comprender el poema. Esto te servirá para comparar el poema con las selecciones que leíste esta semana.

Dos cerca de la chimenea

Construí una chimenea
para un viejo amigo mío,
no lo hice
por promesa ni contrato;
y luego viajé
en el frío invierno,
y todo el día resplandecí
ante el fogón.

—Edwin Markham

ESTUDIOS SOCIALES

Presentar el trabajo

COLABORA

Comenta con un compañero cómo presentarás tu cartel del festival cultural a la clase. Aplica las estrategias de la derecha a medida que practicas la presentación. Lee los comienzos de oración que se dan abajo para escribir tu respuesta.

Un hecho interesante que aprendí de las festividades culturales es que

____

____

Me gustaría aprender más acerca de ______________________

____

____

Efrain Padro/Alamy Stock Photo

Acuérdate

Antes de presentar tu cartel, asegúrate de que el texto sea fácil de leer y las imágenes lo suficientemente grandes para que la gente pueda verlas. Señala el texto y las imágenes mientras presentas el cartel.

Comprobar la presentación

- [ ] Ensaya tu presentación frente a un amigo. Pídele sugerencias.
- [ ] Habla claramente, expresándote de manera apropiada y con un ritmo pausado.
- [ ] Explica por qué incluiste esos datos e imágenes en el cartel.
- [ ] Escucha con atención las preguntas del público.

Coméntalo

Pregunta esencial

¿De qué manera aprender sobre el pasado sirve para entender el presente?

COLABORA

Los arqueólogos buscan vestigios para entender cómo vivían las personas en el pasado. Estas claves del pasado nos dan información del origen de nuestro país y de otros países. ¿Por qué es importante aprender sobre el pasado? ¿Cómo puede el pasado ayudarnos a entender el presente? Escribe en la red de palabras algunas ideas de por qué es importante el pasado. Luego, habla con un compañero de un período de la historia que te gustaría estudiar y explica por qué.

Desenterrar el pasado

Ve **my.mheducation.com** y lee el *Blast* "Vive y aprende". ¿Qué te gustaría desenterrar si fueras un arqueólogo? Comenta tus respuestas al *Blast*.

Jeffrey Rotman/Corbis Documentary/Getty Images

LECTURA COMPARTIDA

TOMA NOTAS

Hacer preguntas puede ayudarte a determinar el propósito de la lectura y a recordar lo que ya sabes de un tema. Antes de leer, escribe abajo una pregunta sobre Jamestown.

____

____

____

A medida que lees, anota:

Palabras interesantes: __________

____

____

____

Detalles clave: ________________

____

____

____

____

____

____

TIME FOR KIDS

En el lugar donde todo comenzó

Ed George/National Geographic/Getty Images

Pregunta esencial

¿De qué manera aprender sobre el pasado sirve para entender el presente?

Lee sobre el asentamiento de Jamestown.

Construcción del asentamiento de Jamestown (Virginia), 1607

Haz una gira por Jamestown (Virginia)

Creyeron que estaban perdidos. El *Susan Constant*, el *Godspeed* y el *Discovery* habían zarpado de Londres, Inglaterra, el 20 de diciembre de 1606. La **expedición**, compuesta de 144 personas, se dirigía a Virginia.

Finalmente, el 26 de abril de 1607, los barcos entraron en la bahía de Chesapeake. En palabras de uno de los navegantes, encontraron "hermosas praderas y árboles considerablemente altos". Luego, en una isla sobre un río, construyeron un fuerte que nombraron en honor a su rey, James. Jamestown se convertiría en la primera colonia inglesa exitosa y **permanente** en el Nuevo Mundo.

La lucha por sobrevivir

Un proverbio dice que "la ignorancia es una bendición". En el caso de los 104 hombres y jóvenes que desembarcaron en la costa esto fue cierto. Allí afrontaron **tremendos** desafíos. El agua del río James no era potable y los alimentos escaseaban. Los indígenas se ofendieron con los colonizadores por ocupar sus tierras.

TEXTO EXPOSITIVO

BUSCAR EVIDENCIAS

Leer

Párrafos 1–2

Secuencia

Subraya lo que hicieron los navegantes después de encontrar "hermosas praderas" en la bahía de Chesapeake.

Párrafo 3

Resumir

Encierra en un círculo los detalles con los que resumirías las dificultades que enfrentaron los viajeros cuando desembarcaron. Escribe el resumen abajo.

____

____

____

____

Releer

Técnica del autor

¿Para qué incluyó el autor una ilustración en esta página?

LECTURA COMPARTIDA

BUSCAR EVIDENCIAS

Leer

Párrafos 1–2

Secuencia

Encierra en un círculo la ocupación que tenía John Smith antes de ser el líder de Jamestown. Escribe abajo cuándo se convirtió en el líder de Jamestown.

___

Notas al margen

Subraya por qué Pocahontas nunca volvió a Jamestown. Escribe por qué John Smith admiraba a Pocahontas.

___

___

Releer

Técnica del autor

¿Cuál es el propósito del autor al incluir una nota al margen sobre la vida de Pocahontas?

TIME FOR KIDS®

John Smith, un experimentado militar, se convirtió en el líder del asentamiento en 1608. Estaba a cargo de encontrar tribus locales dispuestas a intercambiar alimentos por el cobre y las cuentas de los ingleses. Smith era severo, tanto con los indígenas como con los ingleses. "Quien no trabaje, no comerá", les decía a los colonizadores. Él sabía que tomar una actitud de "sálvese quien pueda" los pondría en peligro.

Pocahontas salvó la vida del capitán John Smith.

El área occidental de Chesapeake estaba liderada por el Jefe Powhatan, quien gobernó un imperio de 14.000 personas hablantes de algonquino. Su hija, Pocahontas, se volvió una útil amiga y aliada de John Smith.

La Pocahontas de la vida real

La princesa Matoaka nació hacia 1595, y su padre, el jefe Powhatan, la llamaba Pocahontas. Ella le salvó la vida a John Smith dos veces y él escribió que su "ingenio y espíritu" eran inigualables.

Pocahontas se casó con un hacendado llamado John Rolfe. Este fue el primer matrimonio de aquella **época** entre un inglés y una mujer indígena americana. Rolfe, Pocahontas y su hijo visitaron Londres. Ella nunca regresó a su hogar, pues enfermó y murió a bordo de un barco que se dirigía a Jamestown en marzo de 1617.

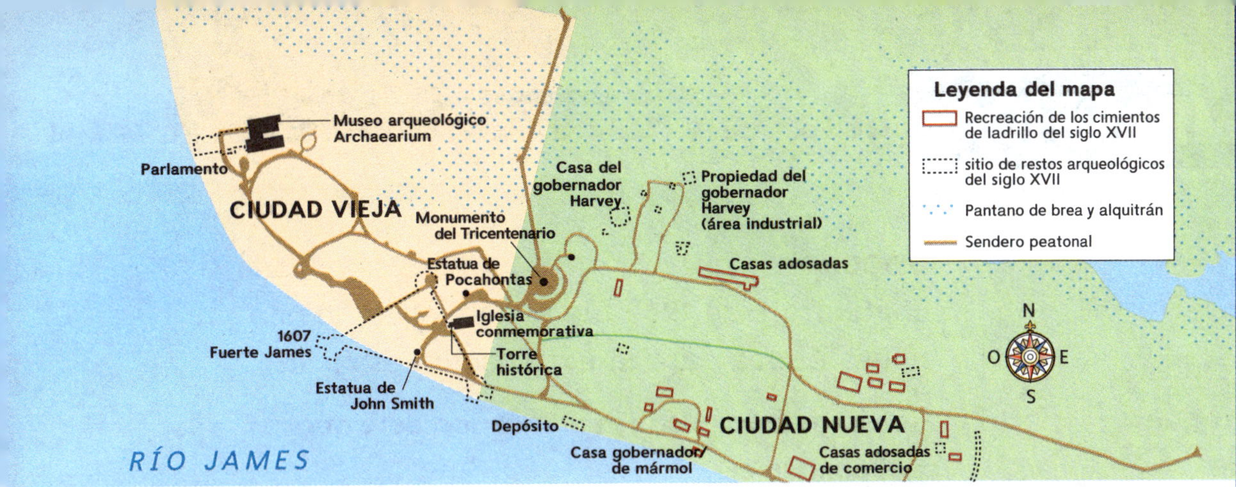

Una mirada más de cerca

Los arqueólogos que excavan en Jamestown han descubierto vestigios indígenas e ingleses, lo cual sive como **evidencia** de que los indígenas vivieron en el fuerte por algún tiempo. "Debieron haber tenido una relación muy cercana", dice William Kelso, un experto en **arqueología** colonial estadounidense.

Kelso ha trabajado durante 10 años para **documentar** este lugar. Su equipo ha logrado descubrir más de un millón de artefactos y ha mapeado la forma del **fuerte**, sus cimientos y un cementerio.

Jamestown dejó un registro de codicia y guerra, pero también fue el comienzo del gobierno representativo. El 30 de julio de 1619 la primera asamblea representativa en la Norteamérica inglesa se reunió en la iglesia de Jamestown.

El doctor William Kelso trabaja en una excavación arqueológica en Jamestown.

Resumir

Resume oralmente "En el lugar donde todo comenzó". Usa tus notas, la nota al margen y el mapa. Comenta con un compañero si pudiste responder la pregunta que escribiste en la página 58.

TEXTO EXPOSITIVO

BUSCAR EVIDENCIAS

Leer

Párrafos 1–3

Resumir

Subraya en el párrafo 1 lo que han descubierto los arqueólogos en Jamestown. **Encierra en un círculo** lo que han aprendido de estos descubrimientos.

Mapas

Observa el mapa. **Encierra en un círculo** el fuerte James. **Encierra en un cuadrado** la parte de la ciudad en la que está el fuerte James.

Proverbios y refranes

¿Cuál es la relación entre el refrán "quien nada arriesga, nada gana" y la fundación de Jamestown?

____

____

Releer

Técnica del autor

¿Por qué el autor incluye la cita del doctor William Kelso sobre su trabajo en Jamestown?

Vocabulario

A partir de las oraciones que se dan como ejemplo, comenta con un compañero lo que significa cada palabra. Luego, responde las preguntas.

arqueología

En la clase de **arqueología**, Ana estudió objetos del antiguo Egipto.

¿Cómo nos ayuda la arqueología a aprender sobre el pasado?

documentar

Laura tiene un diario para **documentar** todos los días de sus vacaciones.

¿Cómo podrías documentar tus vacaciones?

época

El alunizaje de 1969 fue el comienzo de una nueva **época** para la exploración espacial.

¿Qué invento puso fin a la época del caballo y el carruaje?

evidencia

Los científicos buscan **evidencias** para poder probar sus descubrimientos.

¿Por qué los detectives buscan evidencias?

expedición

Para la clase de geografía, iremos en una **expedición** al Gran Cañón.

¿A qué lugar te gustaría liderar una expedición?

Tu lista de palabras Selecciona una de las palabras interesantes que anotaste en la página 58 y busca su significado en un diccionario impreso o en línea. En tu cuaderno de escritura, escribe dos oraciones con la palabra: un enunciado y una pregunta. Comparte tus oraciones con un compañero.

fuerte

En la clase de historia visitaremos un **fuerte** de la época colonial.

¿Qué función tenían los fuertes para los colonizadores?

____

____

permanente

Los sonidos muy altos pueden causar daños **permanentes** al oído.

¿Cuál es un antónimo de permanente?

____

____

tremendo

¡Tuve una cantidad **tremenda** de tarea el fin de semana!

Si tu amigo dice que tiene un "hambre tremenda", ¿qué quiere decir?

____

____

Proverbios y refranes

Los proverbios y refranes son expresiones que se han usado por mucho tiempo y que expresan verdades generalizadas. Busca claves en el texto para entender sus significados.

BUSCAR EVIDENCIAS

En la sección "Lucha por la supervivencia" en la página 59, veo el refrán "la ignorancia es una bendición". Puedo entender lo que significa el refrán a partir de las frases "tremendos desafíos" y "los alimentos escaseaban".

Un proverbio dice que "la ignorancia es una bendición". En el caso de los 104 hombres y jóvenes que desembarcaron en la costa esto fue cierto. Allí debieron afrontar tremendos desafíos. El agua del río James no era potable y los alimentos escaseaban.

Tu turno Usa las claves de contexto para descubrir el significado del este refrán:

"Quien no trabaje, no comerá", página 60 ______

____

____

____

North Wind/North Wind Picture Archives

Releer | LECTURA COMPARTIDA

Resumir

Cuando resumes un texto debes escribir sus ideas principales con tus propias palabras. Vuelve a leer "En el lugar donde todo comenzó" y resume algunas partes del texto para asegurarte de que entendiste.

Acuérdate

Mientras lees, tómate un tiempo para resumir o revisar el fragmento que acabas de leer. Escribe la información más importante en notas adhesivas. Luego, sigue leyendo y detente de nuevo para resumir otras partes del texto. Al final, lee tus notas adhesivas. Esto te ayudará a recordar y entender lo que leíste.

BUSCAR EVIDENCIAS

Vuelve a leer la nota al margen "La Pocahontas de la vida real" en la página 60. Resume la información más importante.

Página 60

La princesa Matoaka nació hacia 1595, y su padre, el jefe Powhatan, la llamaba Pocahontas. Ella le salvó la vida a John Smith dos veces y él escribió que su "ingenio y espíritu" eran inigualables.

Pocahontas se casó con un hacendado llamado John Rolfe. Este fue el primer matrimonio de aquella época entre un inglés y una mujer indígena americana. Rolfe, Pocahontas y su hijo visitaron Londres. Ella nunca regresó a su hogar, pues enfermó y murió a bordo de un barco que se dirigía a Jamestown en marzo de 1617.

Pocahontas fue una indígena americana famosa. Ella era la hija del Jefe Powhatan. Le salvó dos veces la vida a John Smith. Fue la primera mujer indígena americana que se casó con un inglés.

COLABORA

Tu turno Vuelve a leer la sección "Una mirada más de cerca" en la página 61 de "En el lugar donde todo comenzó". Resume los detalles más importantes.

Notas al margen y mapas

"En el lugar donde todo comenzó" es un texto expositivo.
Los **textos expositivos:**

- son textos de no ficción;
- en ellos se da información y datos de personas, lugares y cosas;
- pueden tener elementos del texto como mapas y notas al margen.

BUSCAR EVIDENCIAS

Puedo decir que "En el lugar donde todo comenzó" es un texto expositivo porque presenta datos sobre la historia de Jamestown y la gente que vivó allí. La nota al margen y el mapa dan información adicional.

De lectores a escritores

Los escritores usan notas al margen para destacar datos interesantes relacionados con el tema. También incluyen mapas para mostrar la ubicación de los lugares mencionados en el texto. Tanto las notas al margen como los mapas ayudan a los lectores a entender mejor el texto principal. Incluye en tu texto notas al margen y mapas para dar detalles específicos del tema.

Página 60

La Pocahontas de la vida real

La princesa Matoaka nació hacia 1595, y su padre, el jefe Powhatan, la llamaba Pocahontas. Ella le salvó la vida a John Smith dos veces y él escribió que su "ingenio y espíritu" eran inigualables.

Pocahontas se casó con un hacendado llamado John Rolfe. Este fue el primer matrimonio de aquella época entre un inglés y una mujer indígena americana. Rolfe, Pocahontas y su hijo visitaron Londres. Ella nunca regresó a su hogar, pues enfermó y murió a bordo de un barco que se dirigía a Jamestown en marzo de 1617.

Página 61

Nota al margen
Las notas al margen dan información adicional.

Mapa
Los mapas muestran áreas geográficas específicas.

COLABORA

Tu turno Vuelve a leer "En el lugar donde todo comenzó". Busca otros dos elementos del texto. Comenta qué información puedes obtener de cada elemento.

____

____

____

____

Secuencia

La estructura del texto es la manera en que los autores organizan y presentan la información de una selección. La **secuencia** es un tipo de estructura del texto. Los autores presentan sucesos clave en el orden en que ocurrieron. Busca fechas y palabras que indiquen tiempo.

BUSCAR EVIDENCIAS

Cuando vuelvo a leer la página 59 de "En el lugar donde todo comenzó", busco fechas y palabras que indiquen secuencia, como finalmente, luego *y* después. *Así puedo comprender el orden de los sucesos del texto.*

Tres barcos zarparon de Londres en 1606.

↓

Finalmente los barcos llegaron a la bahía de Chesapeake en 1607.

↓

Después, sobre una isla en el río construyeron un fuerte. Lo nombraron en honor al rey James.

COLABORA

Tu turno Vuelve a leer "La Pocahontas de la vida real" en la página 60. Escribe los sucesos clave en orden cronológico en el organizador gráfico de la página 67.

Acuérdate

Busca palabras, frases y fechas que señalen la secuencia de sucesos. Los escritores ordenan los sucesos con palabras como *primero, luego, finalmente, antes* y *después.* Pregúntate "¿Cuándo ocurre este suceso?". Escribe en una nota adhesiva cada suceso. Luego, haz una línea en una hoja de papel y ubica las notas adhesivas para crear una línea cronológica.

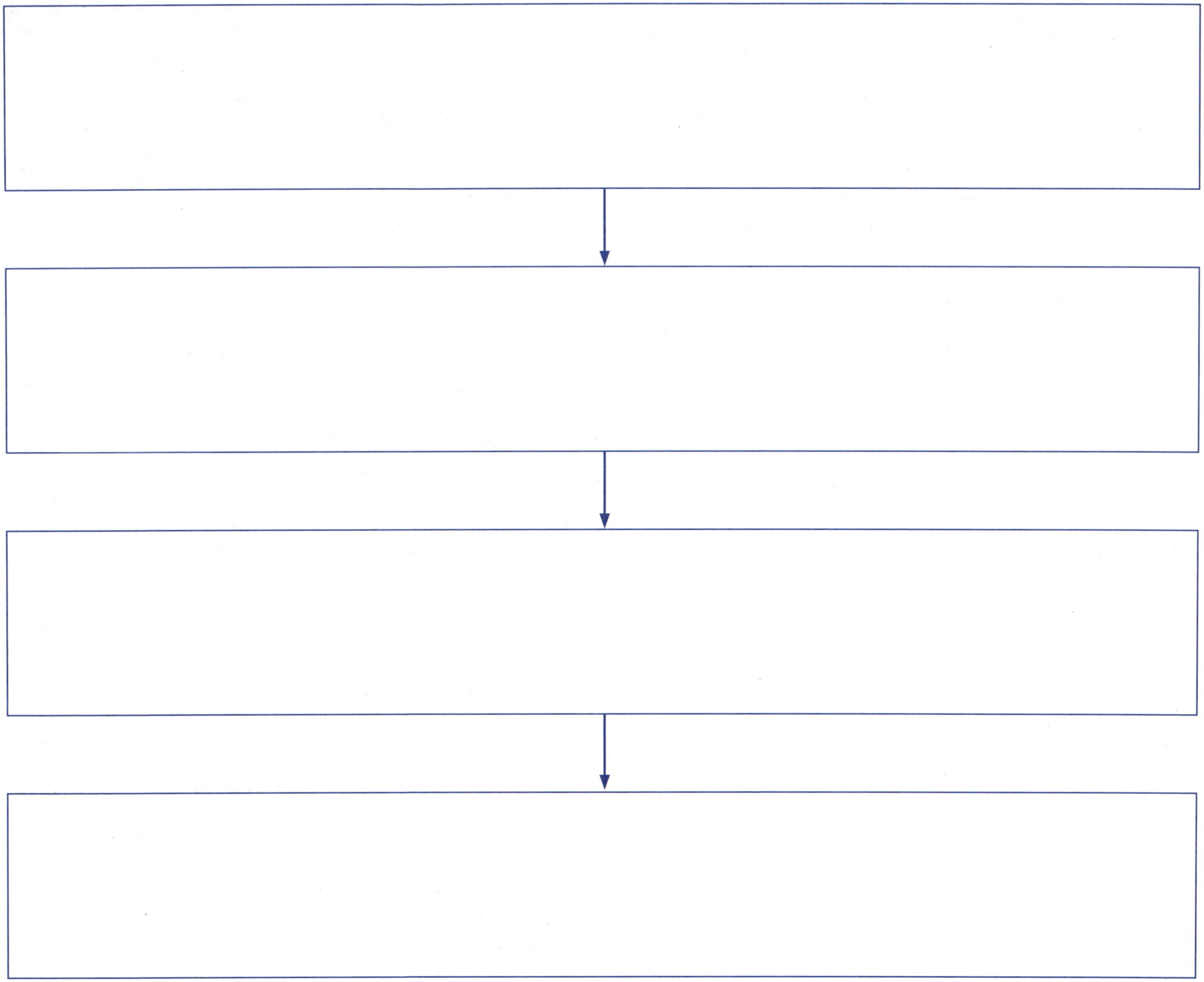

Responder a la lectura

COLABORA

Responde por escrito la siguiente pregunta. Piensa cómo presenta el autor la información. Consulta tus notas y el organizador gráfico.

¿Cómo emplea el autor los diferentes elementos del texto para ayudarte a entender la importancia de Jamestown?

Acuérdate

Completa estas oraciones para organizar tus ideas.

- *El autor emplea ilustraciones, fotos y leyendas para mostrar...*
- *En la nota al margen se resume...*
- *El mapa indica...*

Enlace gramatical

En el texto, busca oraciones compuestas de dos o más oraciones completas sin puntuación o con la puntuación equivocada. Por ejemplo, *Pocahontas salvó la vida de John Smith él la elogió.* Para corregir esta oración, agrega la conjunción "y": *Pocahontas le salvó la vida a John Smith y él la elogió.*

Mapas y leyendas

Un **mapa** es un dibujo detallado que muestra las características de la superficie de un área en particular, como una ciudad, un estado o un país. Algunos mapas muestran accidentes geográficos como montañas, mesetas, valles y llanuras costeras. La mayoría de mapas tienen una **leyenda** que señala lo que representan los diferentes colores o símbolos. Saber leer un mapa te ayuda a entender el texto. Para eso:

- lee el título del mapa;
- estudia el mapa cuidadosamente;
- asocia la información de la leyenda a los colores del mapa.

¿De qué lugar te gustaría hacer un mapa? Escribe tu respuesta.

____

Regiones geográficas de Virginia

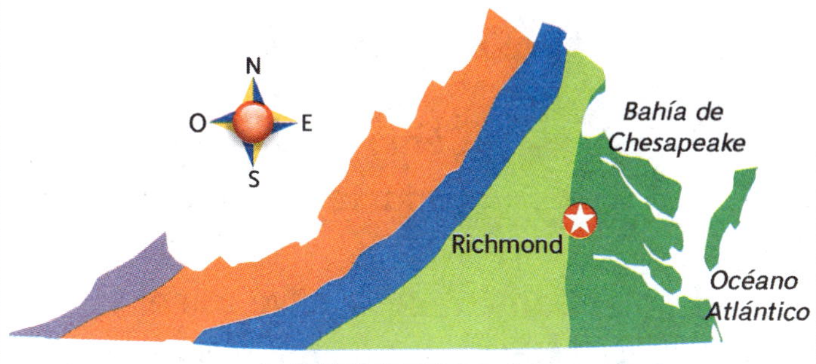

Leyenda del mapa

- Meseta de los Apalaches
- Valle y cordillera
- Cordillera Azul
- Piamonte
- Llanura costera

Este mapa muestra las regiones geográficas de Virginia. ¿Qué región se encuentra entre la región de Piamonte y la región del Valle y cordillera? Escribe tu respuesta abajo.

____

____

____

COLABORA

Haz un mapa Con un compañero, investiga el lugar donde los españoles establecieron sus colonias en el Suroeste en el siglo XVIII. Luego, hagan un mapa que muestre las diferentes regiones de los asentamientos españoles de la época. No olviden incluir elementos importantes en el mapa como:

- símbolos para los asentamientos
- los ríos principales, montañas u otras características geográficas
- nombres de ciudades

Asegúrense de que el mapa tenga una leyenda y un título para que los lectores entiendan la información que están viendo. Por último, presenten su trabajo a la clase.

Releer | TEXTO PRINCIPAL

Redescubramos nuestros comienzos hispánicos

¿Cómo emplea el autor los diferentes elementos del texto para ayudarte a entender nuestros comienzos hispánicos?

COLABORA

Coméntalo Vuelve a leer la página 409 de la **Antología de literatura.** Habla con tu compañero de la fundación de San Agustín.

Cita evidencias ¿A partir de qué claves de los elementos del texto puedes entender mejor el tema? Escribe evidencias en la tabla y explica lo que aportan a tu comprensión.

Ilustraciones y leyendas	Encabezado	¿Cómo te ayudan los elementos del texto?

Escribe El autor emplea diferentes elementos del texto para ayudarme a

____

____

____

Antología de literatura, páginas 408–411

Acuérdate

Las ilustraciones y fotos, las leyendas, los encabezados, los mapas, y las notas al margen son elementos del texto. Te dan más información sobre el tema y te ayudan a entenderlo mejor.

Hacer inferencias

¿Por qué crees que el rey español desaprobó que Francia fundara Fort Caroline en 1564?

¿Cómo utiliza el autor las notas al margen para conectar el pasado con el presente?

COLABORA

Coméntalo Vuelve a leer las páginas 410-411 de la **Antología de literatura.** Comenta con un compañero cómo la información de las notas al margen sustenta el texto principal.

Cita evidencias ¿Qué información sobre la influencia española en el pasado y presente encuentras en las notas al margen? Escríbela en la red de palabras.

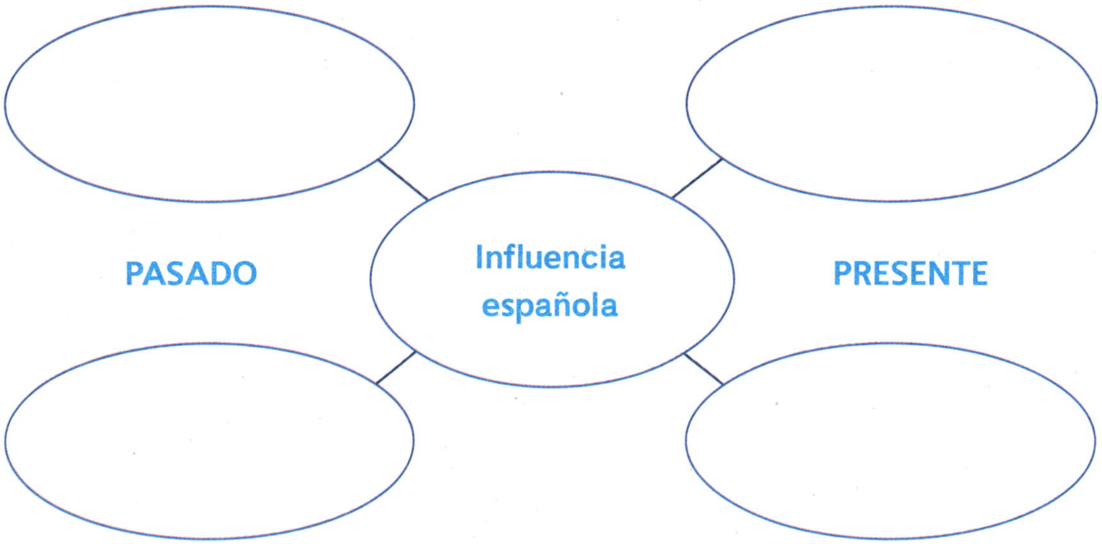

Escribe El autor usa las notas al margen para ayudarme a entender la conexión entre el pasado y presente al ______________________________

____

____

____

Acuérdate

Cuando vuelvas a leer, busca más información del tema en las notas al margen. Pregúntate: *¿qué otros datos me da el autor?, ¿cómo se relaciona esa información con el texto principal?*

Responder a la lectura

COLABORA

Comenta esta instrucción. Al responder, ten en cuenta tu conocimiento sobre el tema. Consulta tus notas y organizadores gráficos.

¿Cómo utiliza el autor los elementos del texto para que comprendas la manera en que la historia ha influido en la cultura de Estados Unidos?

Acuérdate

Completa estas oraciones para organizar las evidencias del texto.

- *El autor usa ilustraciones y fotos para...*
- *Las notas al margen me ayudan a entender...*
- *En conjunto, todos los elementos del texto me ayudan a entender...*

Mis lecturas

Elige un texto. Vuelve a leer las primeras dos páginas. Si cinco o más palabras te resultan desconocidas, elige un texto diferente. Anota en tu cuaderno de escritura el título, el género, el autor y tu propósito al leer.

Los misterios de la historia

Antología de literatura, páginas 412-413

El hallazgo de Popham

1 En 1607, una tripulación de 125 colonizadores ingleses salió en una expedición que arribó a la costa de Maine. Allí erigieron una pequeña colonia a la cual dieron el nombre de su patrocinador, Sir John Popham y su sobrino George. Pero la colonia de Popham, el primer intento de Inglaterra de establecer una colonia en Nueva Inglaterra, no sobrevivió. Un año después, abordaron su barco y regresaron navegando a su hogar.

2 Durante siglos, nadie supo con exactitud dónde había estado la colonia. Entonces, en 1994, el arqueólogo Jeffrey Brain comenzó a excavar el área. Después de diez años de excavación, Brain y su equipo descubrieron restos del depósito de la colonia, un fogón (o piso de una chimenea) y fragmentos de cerámica. Su trabajo ha ayudado a desenterrar indicios acerca de cómo era la vida durante la colonia.

Vuelve a leer y sigue las instrucciones para tomar notas del texto.

En el párrafo 1, **haz una marca** al margen de las líneas del texto que dicen lo que hicieron los colonizadores ingleses en 1607.

Subraya lo que pasó con los colonizadores un año después.

Vuelve a leer el párrafo 2. Habla con un compañero de los hallazgos de Jeffrey Brain. **Encierra en un círculo** las evidencias del texto que sustentan tu respuesta.

Encierra en un cuadrado las fechas y expresiones de tiempo con las que el autor destaca la importancia de los hallazgos de Brain. Escríbelas abajo.

____

____

Releer

LECTURA COMPLEMENTARIA

¿Qué piensa el autor sobre la arqueología?

COLABORA

Coméntalo Vuelve a leer el fragmento de la página 73. Comenta con un compañero por qué crees que el autor incluyó tantas fechas y expresiones de tiempo en la lectura.

Cita evidencias ¿De qué manera la selección de palabras que hizo el autor te ayuda a entender su opinión acerca de la arqueología? Escribe evidencias en la tabla.

Evidencias	Punto de vista del autor

Escribe Sé lo que el autor piensa de la arqueología porque ____________

____

____

____

____

Acuérdate

Al volver a leer, busca palabras y frases que te ayuden a entender lo que piensa el autor.

Evaluar información

Antes de escribir un texto expositivo, el autor investiga acerca del tema para asegurarse de escribir información verídica. ¿Cómo puedes comprobar que los datos en un texto son correctos?

Propósito del autor

Cada autor tiene un propósito o una razón para escribir. Los autores pueden tener como propósito informar, persuadir o entretener a los lectores. Cuando el propósito es **informar,** proporcionan datos importantes de personas y sucesos. Para eso, buscan datos en al menos dos fuentes fiables. Los autores dan detalles en sus textos de *quién, qué, cuándo, dónde* y *cómo*. También pueden emplear fotos, leyendas, mapas y otros elementos para que los lectores aprendan más del tema.

BUSCAR EVIDENCIAS

En el fragmento de la página 73 de "Los misterios de la historia", el autor expone datos de "cuándo", "quién", "dónde" y "cómo".

> En 1607, una tripulación de 125 colonizadores ingleses salió en una expedición que arribó a la costa de Maine. Allí erigieron una pequeña colonia a la cual dieron el nombre de su patrocinador, Sir John Popham y su sobrino George.

COLABORA

Tu turno Vuelve a leer el último párrafo del fragmento de la página 73.

- ¿Cuál es propósito del autor en el último párrafo? ______________________

  ____

- ¿Qué información da el autor para ayudarte a conocer su propósito? ______________________

  ____

De lectores a escritores

Antes de escribir, decide si tu propósito es informar, entretener o persuadir. Luego, elige la mejor manera de presentar tu mensaje. En un texto expositivo, ¿presentarás los datos en secuencia o por medio de causas y efectos? ¿Sería mejor comparar y contrastar ideas, personas o sucesos? Una vez lo hayas decidido, elige las palabras precisas para comunicar el mensaje a tus lectores.

Conexiones del texto

¿Cómo la historia del Gran Montículo de la Serpiente, San Agustín y la colonia Popham te ayuda a entender el presente?

COLABORA

Coméntalo Mira la foto y lee la leyenda. Comenta con un compañero lo que ves en la foto del Gran Montículo de la Serpiente.

Cita evidencias Con un lápiz, **traza el contorno** de la serpiente. **Subraya** las claves en la leyenda que muestran la importancia del montículo. Piensa cómo el fotógrafo y los autores de *Redescubramos nuestros comienzos hispánicos* y "Los misterios de la historia" te ayudan a entender cómo sirve el pasado a los arqueólogos para comprender el presente.

Escribe El fotógrafo y los autores me ayudan a entender que el pasado sirve para explicar el presente al ______________________________

____

____

____

____

____

____

Acuérdate

Piensa sobre lo que los arqueólogos descubrieron en las lecturas de esta semana. Así podrás comparar las lecturas con la fotografía del Gran Montículo de la Serpiente.

El Gran Montículo de la Serpiente, en Ohio, es un montículo de tierra con la forma de una serpiente. Fue declarado Hito Histórico Nacional. Los investigadores y arqueólogos creen que el montículo fue construido por una cultura antigua. La foto muestra una vista aérea de la serpiente que mide unos 1,345 pies de largo.

Ritmo y expresividad

Al leer en voz alta un texto expositivo, pon atención a los signos de puntuación y a palabras desconocidas. Lee el texto en voz alta con un **ritmo** pausado y constante. Para hacer la lectura más interesante, pronuncia las palabras e ideas clave con **expresividad**. De esa manera, la audiencia también tendrá una mejor comprensión del artículo.

Página 60

> El área occidental de Chesapeake estaba liderada por el Jefe Powhatan, que gobernó un imperio de 14.000 personas hablantes de algonquino. Su hija Pocahontas se volvió una útil amiga y aliada de John Smith.

Lee despacio cuando encuentres palabras largas o desconocidas.

Acuérdate

Antes de comenzar a leer, asegúrate de que sabes cómo pronunciar cada palabra. Busca en un diccionario impreso o en línea la pronunciación de las palabras desconocidas. Tómate tu tiempo cuando leas en voz alta. Ten en cuenta los signos de puntuación. Haz énfasis en las palabras o ideas importantes. Luego, estarás listo para leer con expresividad.

COLABORA

Tu turno Túrnate con un compañero para leer en voz alta "La Pocahontas de la vida real", en la página 60. Graben su lectura y luego escúchenla. ¿Leíste a una velocidad pausada y constante? ¿Prestaste atención a la puntuación? ¿Leíste algunas palabras u oraciones con expresividad?

Luego, piensa en lo que hiciste. Completa las oraciones.

Recordé ____

____

La próxima vez ____

____

ESCRITURA

Antología de literatura, páginas 408–411

Texto modelo

Elementos de un ensayo expositivo

Un **ensayo expositivo** informa de un tema a los lectores por medio de la presentación de ideas y hechos relacionados. En un ensayo expositivo:

- se presentan datos, información y detalles en un orden lógico;
- se incluyen elementos del texto, como fotos, ilustraciones, leyendas, notas al margen y mapas;
- se incluye un buen final que se relaciona con el tema.

gramatiNOTAS

En la página 409, el autor organiza la infromación con el uso de fechas y palabras tales como *inicio, después, más tarde, luego* y *un año más tarde*. En un texto expositivo es importante tener claro cuál es la estructura de texto desde el comienzo hasta el final.

Analiza el texto modelo Estudiar textos expositivos te servirá para aprender a escribir un ensayo expositivo. **Vuelve a leer** la página 409 de *Redescubriendo nuestros comienzos hispánicos* en la **Antología de Literatura.** Escribe tus respuestas.

¿Cuál es la idea principal del artículo? ______________________________

____

____

____

¿Qué detalles de apoyo da el autor? ______________________________

____

____

____

Planificar: elige un tema

COLABORA

Lluvia de ideas Con un compañero, haz una lista de los grupos indígenas de tu estado sobre los que quisieras conocer más.

____

____

____

Instrucción de escritura Escribe un ensayo expositivo sobre los grupos indígenas que vivieron en tu estado antes de la exploración europea.

Voy a escribir acerca de ______________________________

Propósito y público El **propósito del autor** es su razón principal para escribir un texto. Mira los tres propósitos de escritura que se muestran abajo. Subraya tu propósito a la hora de escribir un ensayo expositivo.

Informar o enseñar   persuadir o convencer   entretener

Piensa en el **público** de tu texto. ¿Quién lo leerá?

Mi público será ______________________________.

Emplearé el lenguaje ________________ cuando escriba mi ensayo.

Planifica En tu cuaderno de escritura, haz una tabla de idea principal y detalles de apoyo para planificar tu texto. Completa los recuadros.

Acuérdate

Comenta con un compañero ideas para organizar mejor tu ensayo. A medida que escribes, decide en qué detalles quieres enforcarte. Elige aquellos que mejor sustenten la idea principal.

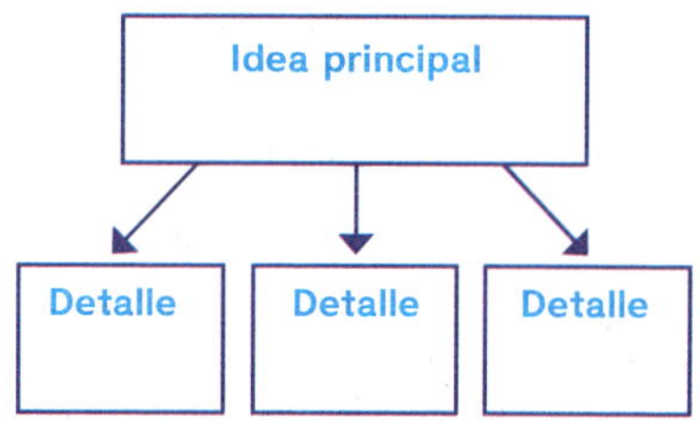

Planificar: haz un esquema

Organizar Haz un esquema para organizar y planificar tu ensayo. Más adelante, verás un ejemplo del esquema. Cuando hayas establecido una idea principal para cada sección del ensayo, asegúrate de tener al menos dos detalles que sustenten cada idea principal. Usa letras para tus ideas principales y números para los detalles de apoyo. Al final, anota tu conclusión.

Título: El tema de tu escrito

A. Idea principal: un punto importante del tema
- **1.** detalle de apoyo
- **2.** detalle de apoyo
- **3.** detalle de apoyo

B Idea principal: otro punto importante de tu tema
- **1.** detalle de apoyo
- **2.** detalle de apoyo
- **3.** detalle de apoyo

Conclusión: dos o tres oraciones para cerrar el tema

Escribe las dos ideas principales que usarás en tu esquema:

1 ______________________________

2 ______________________________

Toma notas Investiga en línea datos del grupo indígena que elegiste. Busca dos fuentes fiables para asegurarte de que los datos son precisos. Luego, anota en el organizador gráfico tus ideas principales y detalles. Incluye solo los detalles que respalden la idea principal de cada sección.

Hacer un borrador

Detalles de apoyo Los escritores emplean detalles de apoyo para escribir acerca de un tema. Estos detalles pueden ser datos, definiciones, citas o ejemplos del tema. Los detalles deben sustentar la idea principal del párrafo. En el ejemplo de "En el lugar donde todo comenzó", el autor incluye detalles que respaldan la idea principal del texto.

> En 1608, John Smith, un militar experimentado, se convirtió en el líder del asentamiento. Estaba a cargo de encontrar tribus locales dispuestas a intercambiar alimentos por el cobre y las cuentas de los ingleses. Smith era severo, tanto con los indígenas como con los ingleses. "Quien no trabaje, no comerá", les decía a los colonizadores. Él sabía que tener una actitud de "sálvese quien pueda" los pondría en peligro.

Ahora es tu turno. Utiliza el párrafo de arriba como modelo para planificar tu ensayo expositivo. En la primera oración, da el nombre del grupo indígena que elegiste. Luego, incluye detalles acerca de ese grupo en tu ensayo.

____

____

____

____

Haz un borrador Utiliza la tabla de idea principal y detalles para escribir tu borrador en tu cuaderno de escritura. Elige datos interesantes o ejemplos como detalles de apoyo.

Enlace gramatical

Revisa el uso de las mayúsculas. Recuerda que todos los nombres propios comienzan con letra mayúscula. Por ejemplo, el nombre de una persona y un lugar: John, Jamestown. Si estás citando directamente del texto, recuerda usar comillas al inicio y final de las palabras exactas de la cita.

Revisar

Buen final Un **buen final** resume las ideas principales del ensayo y muestra cómo se conectan las ideas principales. La conclusión debe estar compuesta de unas pocas frases o un párrafo corto. Los buenos finales dejan al lector pensando en el tema, así que pregúntate: ¿cómo puedo asegurarme de que los lectores recuerden lo que les conté? Lee el siguiente párrafo. Luego, añade una oración para mejorar el final.

Los algonquinos son un grupo indígena de Nueva York. Fueron importantes en nuestra zona antes de la llegada de los exploradores europeos. Los arqueólogos han explorado zonas de asentamientos algonquinos.

Acuérdate

Cuando revises tu borrador, tal vez necesites añadir algunas palabras o expresiones para pasar de una idea a otra. Por ejemplo, puedes usar palabras y frases de transición como *sin embargo, a continuación, por lo tanto* y *finalmente*.

Revisión Revisa tu borrador y agrega, elimina, combina o reorganiza las ideas de modo que las frases sean claras para el lector.

Charlas entre compañeros

COLABORA

Revisión del borrador Escucha con atención mientras tu compañero lee su trabajo en voz alta. Comenta lo que te gustó y lo que te pareció difícil de entender. Haz preguntas que ayuden a tu compañero a reflexionar sobre lo que escribió. Haz sugerencias para mejorar el texto. Usa estas oraciones como guía para la charla:

El comienzo de tu ensayo necesita...

Otro dato de respaldo que podrías añadir es...

Esta parte no fue clara para mí. ¿Podrías explicarme qué...?

El final puede mejorar si...

Sugerencias de compañeros Cuando tu compañero haya comentado tu borrador, escribe una de las sugerencias que aplicarás.

A partir de las sugerencias de mi compañero, ______________________

____

____

Luego de la charla entre compañeros, reflexionen. ¿Resultó útil el intercambio? ¿Qué podrían hacer de otro modo la próxima vez?

Revisión Al revisar tu borrador, consulta las sugerencias de comprobar la revisión para determinar qué partes del texto debes mejorar. Consulta las pautas de evaluación en la página 85.

Comprobar la revisión

- ☐ ¿Comienzo con una introducción que da la idea principal del tema?
- ☐ ¿Cada párrafo tiene una idea principal y detalles de apoyo?
- ☐ ¿Presento la información de manera organizada?
- ☐ ¿Empleo palabras precisas y un lenguaje formal?
- ☐ ¿Termino con un buen final?
- ☐ ¿Empleo correctamente la gramática y la ortografía, uso las mayúsculas adecuadas en los nombres propios?

Corregir

Al corregir tu texto, fíjate que las oraciones, simples o compuestas, estén separadas correctamente por conjunciones o signos de puntuación para que puedan leerse con fluidez. Busca errores de ortografía, de puntuación, de uso de mayúsculas y de otros aspectos gramaticales. Lee el borrador varias veces para no pasar por alto ningún error. Fíjate en las sugerencias de comprobar la corrección.

Comprobar la corrección

- ☐ ¿Todas la oraciones comienzan con mayúscula y terminan con punto?
- ☐ ¿Los nombres propios comienzan con mayúscula?
- ☐ ¿Hay concordancia entre los sujetos y los verbos?
- ☐ ¿Hay concordancia en el género de los artículos y los sustantivos?
- ☐ ¿Hay oraciones incompletas o que no están separadas por signos de puntuación o conjunciones?
- ☐ ¿Todas las palabras están escritas correctamente?

Escribe dos errores que hayas encontrado al corregir tu ensayo.

1. ______________________________

____

2. ______________________________

____

gramatiNOTAS

A medida que corriges tu texto, asegúrate de escribir con mayúscula inicial todos los sustantivos propios. Los sustantivos propios son: los nombres de las personas, los sucesos históricos, los documentos históricos, y los títulos de libros, relatos y ensayos. Si no estás seguro de si un sustantivo debe ir con mayúscula inicial, puedes buscar la respuesta en una enciclopedia o diccionario en línea.

Recuerda también que el artículo debe concordar en género y número con el sustantivo: *la Navidad, los Juegos Olímpicos.*

Publicar, presentar y evaluar

Publicación Al escribir tu borrador final, asegúrate de escribir de manera legible en cursiva. Revisa que sostienes el lápiz o bolígrafo de manera correcta entre tus dedos índice y pulgar. Esto te ayudará a **publicar** una copia final limpia y clara.

Presentación Cuando estés listo para **presentar** tu trabajo, ensaya tu presentación. Como guía, lee las pautas de comprobar la presentación.

Evaluación Después de publicar tu texto, lee las pautas de evaluación que se muestran abajo para **evaluar** tu texto.

¿Qué aspectos son satisfactorios? ______________________________

¿Qué partes requieren más trabajo? ______________________________

____

Comprobar la presentación

- ☐ Párate erguido.
- ☐ Habla lentamente y con claridad.
- ☐ Emplea un tono amigable pero formal.
- ☐ Haz algunas pausas para enfatizar los puntos importantes.
- ☐ Responde las preguntas adecuadamente.

4	3	2	1
• La explicación del tema es informativa, interesante y detallada. • Cada sección del texto tiene ideas principales y suficientes detalles de apoyo. • La introducción es clara y el final es bueno.	• La explicación del tema es detallada. • El texto tiene algunas ideas principales y detalles de apoyo. • La introducción y el final son satisfactorios.	• Los detalles del tema son limitados. • Las ideas principales no son claras y hay muy pocos detalles de apoyo. • La introducción no muestra suficientes detalles y el final no resume las ideas.	• El texto no se enfoca en un tema. • Las secciones del texto no tienen suficientes ideas principales ni detalles de apoyo. • La introducción es pobre y no hay un final.

Repaso en espiral

En la Unidad 5 has estudiado destrezas y estrategias que te permitirán convertirte en un lector más crítico. Ahora es momento de poner en práctica lo que aprendiste.

- **Antónimos**
- **Propósito del autor**
- **Hacer inferencias**
- **Fotos y leyendas**
- **Trama**
- **Problema y solución**
- **Proverbios y refranes**
- **Secuencia**
- **Símiles**

Conectar con el contenido

- **Hacer un folleto digital**
- **Hacer un experimento con imanes**

Lee la selección y elige la respuesta correcta a cada pregunta.

Imanes sorprendentes

1 Las personas conocen la existencia de los imanes hace miles de años, y en el último siglo los científicos han aprendido mucho más sobre ellos. En la actualidad, los imanes hacen parte integral de nuestra vida diaria. Pero ¿cómo funcionan los imanes y por qué son tan sorprendentes?

Historia

2 En la antigüedad, las personas también usaban imanes. Los antiguos griegos fueron los primeros en descubrir el poder de los imanes. La palabra "magneto", otra forma de llamar a un imán, proviene de la ciudad antigua de Magnesia, en el Meandro. Los vikingos y antiguos chinos también sabían de los imanes. Los pueblos antiguos hacían brújulas con imanes. Los exploradores usaban brújulas para navegar alrededor del mundo.

¿Qué son los imanes?

3 La mayoría de imanes son pedazos de hierro que atraen objetos de hierro, níquel o cobalto. Los imanes tienen diferentes tamaños y formas. Tal vez los has usado en clase, ¿pero sabías que la Tierra es un imán gigante? El núcleo de la Tierra está compuesto de roca fundida, rica en hierro. Este hierro forma un campo magnético que rodea la Tierra. Muchos de los otros planetas y el Sol también son imanes, pero la Luna de la Tierra no lo es.

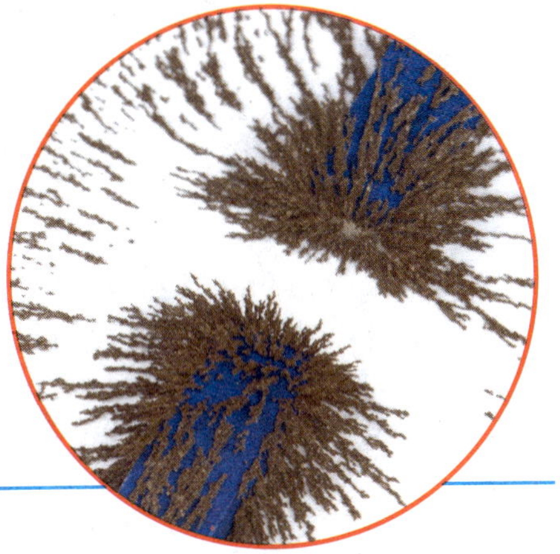

Los polos iguales se repelen.
Los polos opuestos se atraen.

¿Cómo funcionan los imanes?

4 Los imanes tienen dos polos: norte y sur. Cuando los polos iguales se enfrentan, se repelen o se alejan entre sí. Pero cuando los polos opuestos se enfrentan, se atraen, o se unen. En otras palabras, los polos norte atraen a los polos sur, pero repelen a otros polos norte. Todos los imanes están rodeados de un campo magnético. Un campo magnético puede atraer o repeler polos a través del aire, el agua y otros objetos magnéticos.

¿Cómo funciona una brújula?

5 Las brújulas son una de las aplicaciones prácticas más antiguas de los imanes. ¿Por qué las brújulas siempre apuntan al norte? El polo norte magnético de la Tierra atrae la aguja de la brújula. Cuando sabes donde está el norte, es sencillo ubicar las demás direcciones. Puedes hacer tu propia brújula al colgar una barra de imán de una cuerda. El imán se alinea con el campo magnético de la Tierra.

Electroimanes

6 Los imanes que utilizas en clase de ciencias son imanes permanentes. Sin embargo, los electroimanes funcionan con electricidad. Su potencia puede cambiar según la cantidad de corriente eléctrica que lo atraviese. La corriente eléctrica que viaja a través de un cable produce un campo magnético alrededor de ese cable. Cuando el cable está enrollado en una bobina alrededor de un imán, el campo magnético se hace más fuerte. Gran parte de los electrodomésticos de tu hogar, incluso tu cepillo de dientes eléctrico, funcionan con electroimanes. De hecho, los electroimanes generan la mayoría de la electricidad que utilizamos actualmente.

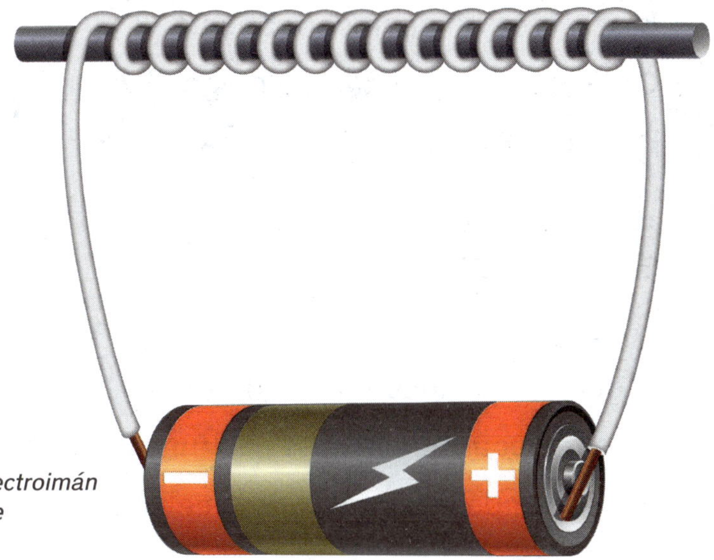

Un electroimán simple

LO QUE APRENDISTE

1. El propósito del autor al incluir el cuarto párrafo es
   - **A** entretener con la forma en que las personas usan los imanes.
   - **B** explicar a los lectores cómo funcionan los imanes.
   - **C** comparar y contrastar las brújulas y los imanes.
   - **D** describir el aspecto de los imanes de herradura.

2. Un antónimo de la palabra *permanente* en el sexto párrafo es
   - **E** temporal
   - **F** magnético
   - **G** conectado
   - **H** reversible

3. ¿Qué sucede después de que la corriente eléctrica fluye a través de un cable?
   - **A** La aguja apunta al norte.
   - **B** Se crea un imán permanente.
   - **C** Se produce un campo magnético.
   - **D** Se convierte en una brújula.

4. ¿Qué información aparece en la imagen y la leyenda de la página 87?
   - **F** cómo funciona un imán permanente
   - **G** cómo funciona un electroimán
   - **H** los electrodomésticos que funcionan con electroimanes
   - **J** el campo magnético de un electroimán

Acuérdate

Si no estás seguro de qué se pide en la pregunta, subraya algunos de sus detalles. Luego, vuelve a leer el texto y busca evidencias que te ayuden a responderla. Observa las imágenes y las leyendas ya que en ellas se ilustran puntos importantes del texto.

Lee el texto y elige la respuesta correcta a cada pregunta.

Una expedición para un herbario

1 Los niños están listos para emprender la travesía. Llevan en sus mochilas una bolsa de dormir, comida, bolsas plásticas y servilletas.

2 Los niños han organizado una expedición botánica para hacer un herbario. Para eso, necesitarán muchas bolsas plásticas y servilletas.

3 El objetivo de la expedición es tomar hojas del suelo y ponerlas en una bolsa. Por la humedad, algunas serán envueltas en servilletas. Luego, en la ciudad, los niños clasificarán las hojas y las pegarán en el cuaderno. Escribirán la fecha, el lugar donde encontraron la hoja, y el nombre del árbol al que pertenece. Así se hace un herbario.

4 Esta colección sirve para conocer las plantas de la zona. Con un herbario, los biólogos descubren si una planta dejó de vivir allí o si hay nuevas especies, y estudian por qué pasa uno u otro fenómeno.

5 Los niños ya quieren que empiece la caminata. Pero aún no es tiempo de salir. Falta que llegue Antonia, que siempre llega tarde, como si fuera una costumbre. Minutos después, Antonia llega.

6 Los niños emprenden la travesía con sus profesores de biología. Llegarán al bosque e irán hasta la cima de la montaña. En el camino, hay cuatro cabañas de guardabosques en las que podrán ir al baño, organizar las bolsas de dormir y organizar un comedor.

LO QUE APRENDISTE

7 Después de una hora de caminata, los niños se detienen. El profesor les dice que tomen agua.

8 –¿Ya todos se hidrataron? –pregunta uno de los profesores–. Ahora, observen con atención estos árboles. Miren el suelo y la vegetación. Recorran todo el tronco con su mirada.

9 Los niños siguen al pie de la letra las instrucciones. Luego de observar el árbol y su entorno, los niños toman algunas hojas que parecen ser del árbol que han observado.

10 Antonia y sus amigos recogen cinco hojas. Aunque pertenecen al mismo árbol, hay unas que son más grandes que otras. Piensan que la variedad en el tamaño de las hojas puede ser un indicio del comportamiento de los árboles.

11 Una vez que los niños guardan las hojas en las bolsas, continúan caminando.

12 Los niños hacen varias paradas durante su recorrido. En todas, hacen sistemáticamente lo mismo. La observación y luego la recolección de hojas hará del herbario una excelente herramienta de estudio.

13 Faltan dos horas para que el sol se oculte. Los profesores de biología les dicen a los niños que hay que acelerar el paso. Antonia imagina que son una manada de ciervos perseguida por un depredador y por eso deben ir muy rápido, pero el profesor le dice que, aunque hay que apurarse, no hay que correr.

14 ¡Los niños han llegado a la cima, al último puesto de los guardabosques! Recolectaron las hojas para su herbario y llegaron a tiempo para ver el atardecer en la cima de la montaña.

15 Los niños miran cómo se tiñe el cielo de colores y cómo la luz se va perdiendo en el horizonte. La observación permite un gran recuerdo.

1 Vuelve a leer el párrafo 3. ¿Cuáles son los pasos para hacer un herbario?

A Se hace una descripción del sitio donde se encuentran las hojas.

B Se guardan las hojas elegidas en una bolsa, se clasifican y se pegan a un cuaderno, en el que se anota una breve descripción.

C Se dibujan las hojas en un cuaderno y se hace una descripción.

D Primero se observan las hojas y, luego, se les toman fotos.

2 En el párrafo 5, el símil indica que

F Antonia evita llegar tarde.

G Antonia tiene la costumbre de no asistir a sus citas.

H un hábito de Antonia es llegar tarde.

J Antonia siempre llega cinco minutos antes de la hora acordada.

3 Vuelve a leer el párrafo 9. De la metodología que siguieron los niños puedes inferir que

A los niños se saltaron algunas de las instrucciones del profesor.

B no entendieron las instrucciones del profesor.

C entendieron las instrucciones del profesor, pero no las aplicaron.

D fueron muy estrictos en el cumplimiento de las instrucciones.

4 ¿Cuál es el propósito del autor en este relato?

F Mostrar que los niños se apuraron para llegar a la cima.

G Resaltar la importancia de los profesores para los niños.

H Mencionar la impuntualidad de Antonia.

J Mostrar que los niños se esforzaron para hacer el herbario.

Acuérdate

Si no estás seguro de la respuesta correcta, intenta descartar primero las respuestas que definitivamente sean incorrectas.

AMPLÍA LO QUE APRENDISTE

TRAMA

La trama es la estructura, o la secuencia de sucesos de un relato. Al analizar una trama, debes comentar el conflicto, el clímax, el desenlace y la solución. El **conflicto** es el suceso que conduce al punto más importante del relato. El **clímax** es ese momento más intenso, o punto de inflexión del relato. En el **desenlace** se empieza a resolver el conflicto. La **solución** explica cómo termina el relato.

Analiza la trama de "Una expedición para un herbario" en las páginas 89 y 90. Luego, completa el organizador gráfico.

Inicio

↓

Sucesos del conflicto

↓

Clímax

↓

Desenlace

↓

Solución

ANTÓNIMOS

Los **antónimos** son palabras que tienen significados opuestos. *Silencioso* y *ruidoso* son antónimos. Los autores emplean antónimos en sus textos para comparar y contrastar ideas. Puedes buscar los antónimos de una palabra en un diccionario de antónimos.

- Elige una palabra de uno de los textos que leíste en esta unidad.
- Identifica antónimos de esa palabra en un diccionario impreso o en línea.

Palabra	Antónimo

REFRANES Y PROVERBIOS

Los refranes y proverbios son dichos cortos que muchas personas creen que son ciertos. Relaciona los refranes y los proverbios con el significado correspondiente. Si es necesario, puedes buscar en internet.

1. La curiosidad mató al gato.
2. Las mejores cosas de la vida son gratis.
3. Dos errores no suman un acierto.
4. La práctica hace al maestro.

A. Las cosas más importantes de la vida no se pueden comprar.

B. La única forma de mejorar en algo es hacerlo una y otra vez.

C. Si alguien hace algo malo, eso no significa que tú debas hacer algo malo también.

D. Ser entrometido te puede traer problemas.

AMPLÍA LO QUE APRENDISTE

HACER UN FOLLETO DIGITAL

ESTUDIOS SOCIALES

COLABORA

Un **folleto** proporciona información sobre un tema, un evento o un lugar. Haz un folleto digital que puedas compartir en línea.

- Haz una investigación sobre una excavación arqueológica en tu estado. Indica dónde queda, lo que los arqueólogos han descubierto y otros detalles importantes.
- Incluye fotos, mapas, diagramas o ilustraciones de la excavación. Utiliza la siguiente plantilla para planear tu investigación y presentarla en línea.

Panel 1	Panel 2	Panel 3

Panel 4	Panel 5	Panel 6

Luego, completa las siguientes oraciones:

La excavación arqueológica que investigué es ______________________

Esta excavación es importante porque ______________________

HACER UN EXPERIMENTO CON UN IMÁN

CIENCIAS

COLABORA

Los experimentos son pruebas que hacen los científicos para responder preguntas. Por ejemplo, ¿qué sucede cuándo sostienes un imán cerca de ciertos objetos? Haz un experimento con un imán y registra los resultados.

- Reúne los materiales: moneda, papel, papel aluminio, sujetapapeles.
- Sostén el imán cerca de cada uno de los objetos.
- Registra en la segunda columna de la tabla lo que observes.
- Indica si el objeto es magnético o no. Explica tus observaciones.

¿Es magnético?

Materiales	Observaciones y explicación
Moneda	
Papel	
Papel aluminio	
Sujetapapeles	

Al terminar, comenta con tu compañero otras preguntas que tengas sobre los imanes. ¿Qué preguntas te interesaron más? ¿Por qué?

EVALÚA TU PROGRESO

¿QUÉ APRENDÍ?

Lee las pautas de evaluación para que califiques tu dominio de las destrezas de esta unidad. Escribe la puntuación más abajo, en cada destreza.

4	3	2	1
Identifico correctamente todos los ejemplos de esta destreza.	Identifico la mayoría de los ejemplos de esta destreza.	Identifico algunos ejemplos de esta destreza.	Debo trabajar más en esta destreza.

☐ Secuencia

☐ Antónimos

☐ Propósito del autor

☐ Problema y solución

☐ Símiles

☐ Trama

☐ Hacer inferencias

☐ Proverbios y refranes

Algo en lo que tengo que trabajar más es ____________________ porque

____

____

____

El texto y tú Piensa en los textos que has leído en esta unidad. Elige uno y escribe un párrafo breve en el que expliques una conexión personal que hayas establecido con el texto.

Hice una conexión personal con ______________ porque ____________

____

____

____

ESTUDIOS SOCIALES

Presentar el trabajo

COLABORA

Comenta el modo de presentar tu mapa. Cuando practiques la presentación, aplica las estrategias que se dan a la derecha. Platica con un compañero sobre las siguientes oraciones y escribe tus respuestas.

Un dato interesante que aprendí sobre las colonias que se fundaron fue

____

____

____

Me gustaría saber más acerca de ______________________________

____

____

____

Acuérdate

Al ensayar tu presentación, reserva algo de tiempo para las preguntas y comentarios del público. Practicar te ayudará a perfeccionar tu presentación y te dará la confianza necesaria para hacerla lo mejor posible.

Comprobar la presentación

- [ ] Ensaya tu presentación frente a un amigo. Pídele sugerencias.
- [ ] Habla lentamente y con claridad.
- [ ] Lee el título del mapa y la leyenda.
- [ ] Señala las diferentes áreas del mapa.
- [ ] Revisa tu mapa para encontrar errores de ortografía y gramática.

Coméntalo

¿? Pregunta esencial

¿Cómo han cambiado nuestros recursos energéticos a través de los años?

El edificio de la fotografía tiene tres turbinas que producen energía eléctrica. La energía eólica es una fuente de energía renovable. El petróleo y el gas son fuentes de energía no renovable. Una vez se usen, se habrán acabado para siempre.

Comenta con un compañero qué puedes hacer para conservar energía. En la red de palabras de abajo, escribe las palabras que has aprendido sobre recursos energéticos.

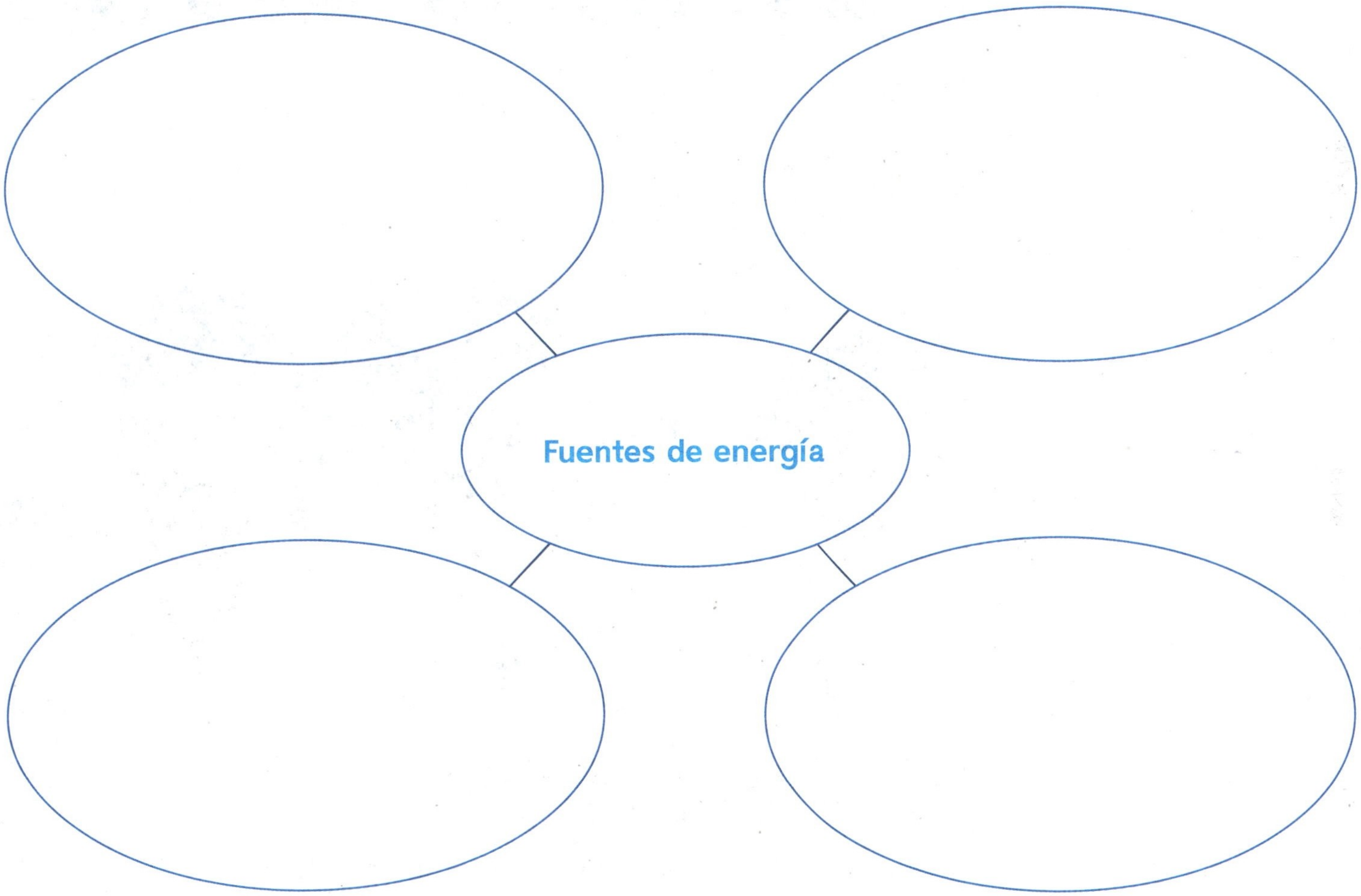

Ve a **my.mheducation.com** y lee el *Blast* "Energizar el futuro". Piensa en cómo nuestros recursos han cambiado a través de los años. Luego, comenta tus respuestas al *Blast*.

LECTURA COMPARTIDA

TOMA NOTAS

Lee el título. Luego, escribe algo que sepas del tema y algo que te gustaría aprender. Esto te ayudará a establecer tu propósito de leer para esta selección.

____

____

____

A medida que lees, anota:

Palabras interesantes: __________

____

____

____

Detalles clave: ______________

____

____

____

____

____

____

El gran DEBATE ENERGÉTICO

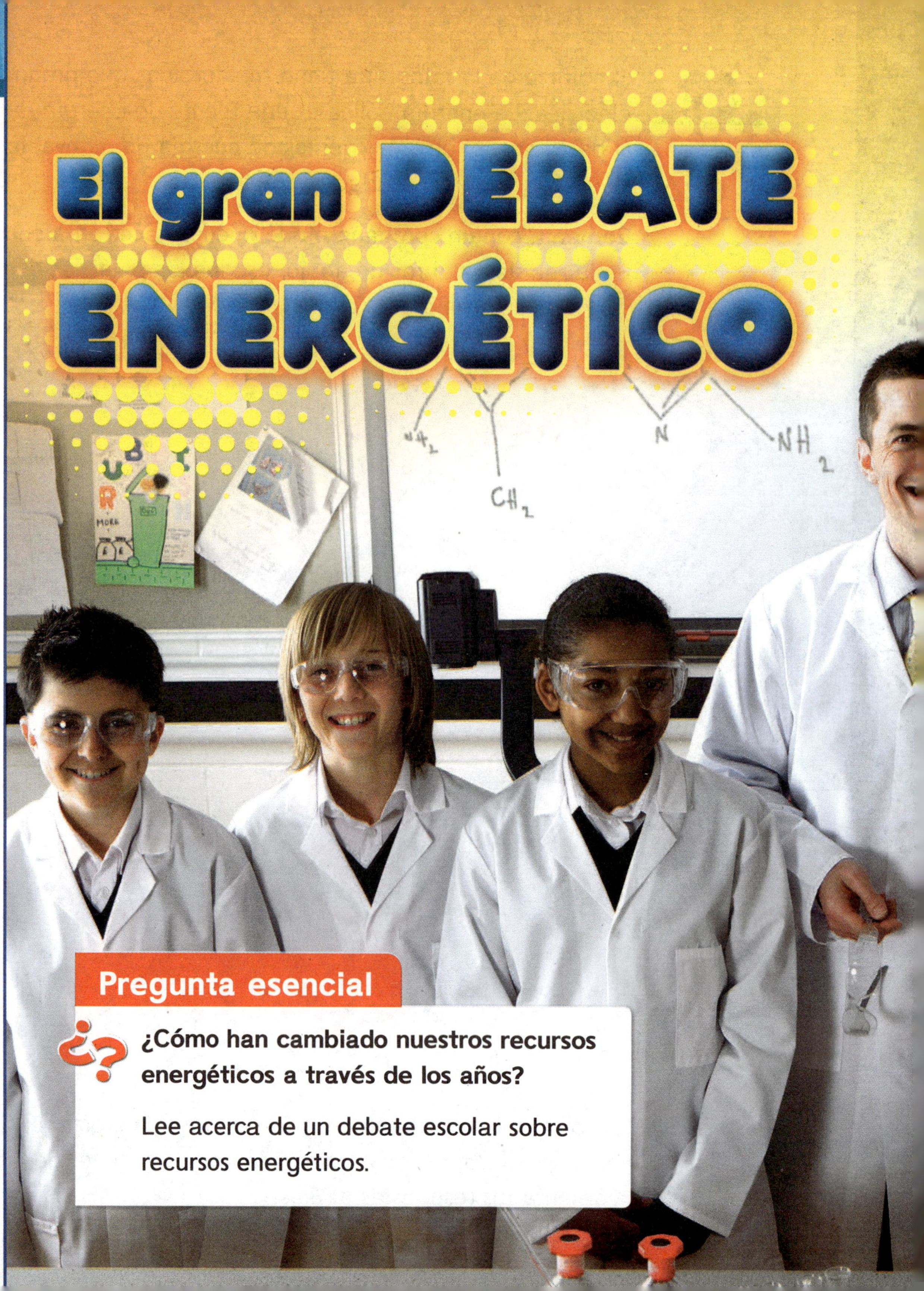

Pregunta esencial

¿Cómo han cambiado nuestros recursos energéticos a través de los años?

Lee acerca de un debate escolar sobre recursos energéticos.

Nuestro debate energético será un evento **interesante.** Pero tengo que estudiar mucho porque nuestro maestro solo nos dirá de qué lado del debate estaremos hasta el día anterior, lo cual significa que tendremos que preparar argumentos para ambas posiciones.

El debate será el próximo martes e incluirá una argumentación sobre diferentes fuentes de energía. Cada equipo tendrá un micrófono. Un equipo hablará acerca de los beneficios de una fuente de energía y el otro equipo hablará sobre sus inconvenientes. Así que tendremos que estudiar las **consecuencias** ambientales de cada recurso, al igual que sus costos.

(bkgd) Echo/Cultura/Getty Images; (t) Reggie Casagrande/Photographer's Choice RF/Getty Images; (b) Erik Isakson/Blend Images/Getty Images

NARRATIVA DE NO FICCIÓN

BUSCAR EVIDENCIAS

Leer

Párrafo 2

Prefijos latinos

Busca la palabra que significa "no conveniente". **Encierra en un círculo** su prefijo.

Párrafo 2

Idea principal y detalles clave

Encierra en un cuadrado la idea principal del debate. Escríbela abajo.

____

____

Subraya dos detalles clave sobre el debate.

Releer

Técnica del autor

¿Qué palabras incluye el autor para ayudarte a comprender la idea principal del primer párrafo?

LECTURA COMPARTIDA

BUSCAR EVIDENCIAS

Leer

Nota al margen

Prefijos griegos

El prefijo griego *trans* significa "cambio". **Encierra en un cuadrado** la palabra que tiene este prefijo. Escribe su significado.

____

Hacer y responder preguntas

Encierra en un círculo la respuesta a esta pregunta: ¿qué pasará si seguimos usando los combustibles fósiles al mismo ritmo?

Nota al margen

Observa la nota al margen. **Subraya** la oración en la que se explica qué recursos se utilizan para producir energía.

Releer

Técnica del autor

¿Qué detalles presenta el autor sobre el futuro de los combustibles fósiles como fuente de energía?

¿Qué es energía?

Energía es la capacidad de realizar un trabajo o hacer un cambio. También es una fuente para producir electricidad o hacer un trabajo mecánico. Usamos el viento, el sol, los combustibles fósiles y los biocombustibles para producir energía. La quema de carbón produce energía calórica que se convierte en energía eléctrica. Usamos esa energía para iluminar nuestras casas. La energía solar proviene del sol. Los paneles solares transforman la energía solar en energía eléctrica.

Si debatimos sobre el futuro de la gasolina como fuente de energía, diría que la gasolina se produce a partir del petróleo, un combustible fósil. Según los geólogos, los combustibles fósiles se formaron durante millones de años a partir de plantas y restos de animales prehistóricos. Pero este es el problema: usamos estos combustibles más rápido de lo que tardan en formarse. Debido a que los combustibles fósiles son recursos no renovables, si seguimos usándolos, llegará un momento en que no quede ninguno. Además, ¡la quema de estos combustibles contamina el aire!

Es fácil ser hipercrítico frente a los combustibles fósiles. Sin embargo, la mayoría de nuestros automóviles y fábricas requieren este tipo de **combustible** y cambiarlo implicaría una tarea enorme.

Si el debate es acerca del uso de la energía eólica, debemos saber qué es una fuente de energía renovable. Por ejemplo, a diferencia de los combustibles fósiles, el viento nunca se va a agotar. ¡Una turbina eólica grande puede producir suficiente energía para toda una ciudad! Además, este método no daña el ambiente. Las turbinas se pueden poner en todo el mundo para captar la energía eólica. Luego, las turbinas **convierten** esta energía en energía eléctrica. Pero hay un inconveniente. Es posible que el viento no sea tan **eficiente** como otras fuentes de energía. El **potencial** de transformación de energía eólica en electricidad es de aproximadamente 30 a 40 por ciento.

Sería muy costoso **instalar** turbinas eólicas en todo el mundo. Este debate es importante para los estadounidenses. Nuestro país solo constituye el 5 por ciento de toda la población mundial. Pero consumimos el 30 por ciento de la energía mundial. No es una **coincidencia** que nos pidan a los estudiantes que participemos en estos debates. Tendremos que tomar estas decisiones cuando seamos adultos. ¡El debate será difícil, pero estaré preparada!

Resumir

Resume oralmente los detalles clave de “El gran debate energético” con ayuda de tus notas y las fotos.

(bkgd) Echo/Cultura/Getty Images; (b) Hal Bergman/Photodisc/Getty Images; (bl) Livio Sinibaldi/Digital Vision/Getty Images

NARRATIVA DE NO FICCIÓN

BUSCAR EVIDENCIAS

Leer

Párrafo 1

Idea principal y detalles clave

Subraya dos detalles clave sobre la energía eólica.

Hacer y responder preguntas

Fomula una pregunta que harías en el debate.

____

____

Releer

Técnica del autor

¿Cómo te muestra el autor que el narrador va a estar listo para el debate?

Fluidez

Con un compañero, lee en voz alta el primer párrafo de la página 103. Habla clara y pausadamente. Esto te ayudará a leer con fluidez.

Vocabulario

A partir de las oraciones que se dan como ejemplo, comenta con un compañero lo que significa cada palabra. Luego, responde las preguntas.

coincidencia

Fue una **coincidencia** que Eric se encontrara con su amigo Tom en la feria.

¿Qué tipo de coincidencia has vivido?

combustible

Este automóvil consume menos **combustible** que un camión más grande.

¿Qué tipos de combustibles conoces?

consecuencia

La inundación de carreteras y campos puede ser **consecuencia** de la lluvia.

¿Cuáles pueden ser las consecuencias de no hacer la tarea?

convertir

Convertimos el salón de clases en un laboratorio de ciencias.

¿Cuál es un sinónimo de *convertir*?

eficiente

El plomero **eficiente** hizo el trabajo rápida y fácilmente.

¿Cuál es la manera más eficiente de llegar a tu escuela?

Tu lista de palabras Selecciona una de las palabras que anotaste en la página 100 que te parezca interesante. Busca su significado en un diccionario impreso o en línea. Luego, escribe una oración con la palabra.

instalar

La ciudad **instaló** juegos infantiles nuevos en el parque.

¿Cuál es un sinónimo de *instalar*?

____

____

interesante

Fue muy **interesante** ver la tormenta eléctrica.

¿Qué has visto que te haya parecido interesante?

____

____

potencial

El **potencial** de la energía eólica para las industrias es muy prometedor.

¿Qué otros tipos de energía tienen potencial?

____

____

Prefijos griegos y latinos

Un **prefijo** es una parte de la palabra que se antepone a la raíz de esta y cambia su significado. Algunos prefijos vienen del latín, como

pro = adelante   *pre* = antes

Otros prefijos vienen del griego, como

hiper = excesivamente   *bio* = vida

BUSCAR EVIDENCIAS

En la página 102 de "El gran debate energético", veo la palabra biocombustibles. Bio *es un prefijo griego que significa "vida". Así que* biocombustibles *son combustibles hechos a partir de seres vivos.*

Usamos el viento, el sol, los combustibles fósiles y los biocombustibles para producir energía.

Livio Sinibaldi/Digital Vision/Getty Images

Tu turno Determina el significado de las siguientes palabras de "El gran debate energético" a partir de los prefijos y las claves de contexto.

preparar, página 101 ______________________________

____

hipercrítico, página 102 ______________________________

____

Hacer y responder preguntas

Cuando lees un texto informativo, puedes encontrar información nueva. Hacer preguntas sobre el texto y leer para encontrar la respuesta puede ayudarte a entender esta información. A medida que vuelves a leer "El gran debate energético", haz y responde preguntas acerca del texto.

BUSCAR EVIDENCIAS

Mientras leías por primera vez la página 101 de "El gran debate energético", puede que te preguntaras por qué el narrador dijo que los estudiantes tenían que "preparar argumentos para ambas posiciones".

Acuérdate

Haz una lista de las preguntas que tengas antes, durante y después de la lectura. Al volver a leer, podrás responder algunas de ellas. Si no puedes, coméntalas con un compañero o con tu maestro para que obtengas más información y puedas comprender mejor el texto.

Página 101

> Nuestro debate energético será un evento interesante. Pero tengo que estudiar mucho porque nuestro maestro solo nos dirá de qué lado del debate estaremos hasta el día anterior, lo cual significa que tendremos que preparar argumentos para ambas posiciones.

En el texto se explica que el maestro no dirá de qué lado debatirán. Por consiguiente, inferí que los estudiantes tenían que estudiar las ventajas y las desventajas de cada posición.

COLABORA

Tu turno Vuelve a leer "El gran debate energético" para hacer y responder tus propias preguntas con la estrategia Hacer y responder preguntas.

____

____

____

Notas al margen

La selección "El gran debate energético" es narrativa de no ficción. En la **narrativa de no ficción**:

- se cuenta un relato;
- se presentan hechos e información de un tema;
- se emplea una estructura definida para organizar la información;
- se incluyen elementos del texto, como notas al margen.

BUSCAR EVIDENCIAS

Sé que "El gran debate energético" es narrativa de no ficción. En el texto se cuenta un relato sobre estudiantes que se preparan para un debate, se presentan datos de fuentes de energía y se incluye una nota al margen.

Página 102

¿Qué es energía?

Energía es la capacidad de realizar un trabajo o hacer un cambio. También es una fuente para producir electricidad o hacer un trabajo mecánico. Usamos el viento, el sol, los combustibles fósiles y los biocombustibles para producir energía. La quema de carbón produce energía calórica que se convierte en energía eléctrica. Usamos esa energía para iluminar nuestras casas. La energía solar proviene del sol. Los paneles solares transforman la energía solar en energía eléctrica.

Si debatimos sobre el futuro de la gasolina como fuente de energía, diría que la gasolina se produce a partir del petróleo, un combustible fósil. Según los geólogos, los combustibles fósiles se formaron durante millones de años a partir de plantas y restos de animales prehistóricos. Pero este es el problema: usamos estos combustibles más rápido de lo que tardan en formarse. Debido a que los combustibles fósiles son recursos no renovables, si seguimos usándolos, llegará un momento en que no quede ninguno. Además, ¡la quema de estos combustibles contamina el aire!

Es fácil ser hipercrítico frente a los combustibles fósiles. Sin embargo, la mayoría de nuestros automóviles y fábricas requieren este tipo de **combustible** y cambiarlo implicaría una tarea enorme.

Notas al margen

En las notas al margen se presenta información que complementa el tema. Estas se leen tras haber leído el texto principal.

COLABORA

Tu turno Busca y vuelve a leer la nota al margen de "El gran debate energético". Explica qué aprendiste. ¿Por qué es útil esta información adicional?

____

____

____

De lectores a escritores

Los escritores incluyen información adicional en las notas al margen. La información adicional debe relacionarse con el tema del artículo. Algunas veces se incluyen fotografías, ilustraciones, mapas o diagramas en las notas al margen. ¿Cómo puedes incluir notas al margen en tus escritos?

Releer | LECTURA COMPARTIDA

Idea principal y detalles clave

La idea principal es la idea o el punto más importante que un autor plantea en un párrafo o sección de un texto. Los detalles clave dan información importante para sustentar la idea principal.

Acuérdate

Para determinar la idea principal, responde esta pregunta: ¿de qué se trata, en su mayoría, este párrafo?

BUSCAR EVIDENCIAS

Cuando vuelvo a leer el primer párrafo de la página 102 de "El gran debate energético", puedo identificar detalles clave sobre combustibles fósiles. Después, pienso en lo que tienen en común. Esto me permite descifrar la idea principal de la selección.

Idea principal
Si seguimos usando combustibles fósiles, en el futuro se agotarán.
Detalle
Los combustibles fósiles tardan millones de años en formarse.
Detalle
Usamos combustibles fósiles más rápidamente de lo que tardan en formarse.
Detalle
Los combustibles fósiles son recursos no renovables.

COLABORA

Tu turno Vuelve a leer el primer párrafo de la página 103. Busca detalles clave y escríbelos en el organizador gráfico de la página 109. Determina la idea principal a partir de los detalles.

Idea principal

↓

Detalle

↓

Detalle

↓

Detalle

Responder a la lectura

Responde por escrito la pregunta de abajo. Piensa en cómo el autor presenta información sobre varias fuentes de energía. Consulta tus notas y el organizador gráfico.

¿Cómo organiza el autor la información acerca de las fuentes de energía renovables y no renovables?

____

____

____

____

____

____

____

____

____

____

____

____

____

____

Acuérdate

Completa estas oraciones para comentar las fuentes de energía.

- *El autor organiza el texto para hablar de...*
- *Estas son las ventajas y desventajas de las energías renovables...*
- *Las ventajas y desventajas de las energías no renovables son...*

Enlace gramatical

A medida que escribes tu respuesta, puedes volver a leer el texto para revisar la ortografía de palabras complejas. Presta atención a las palabras con prefijos y sufijos, como *inconveniente* y *preparar.*

CIENCIAS

Búsqueda con palabras clave

Las **palabras clave** son las más importantes de un tema y pueden servirte para buscar información en un buscador.

- Si quieres aprender más sobre energía eólica y cuánto cuesta, puedes usar las palabras clave *energía eólica*.
- Puedes limitar la búsqueda para encontrar información más relevante. Una forma de hacerlo es poner las palabras que van juntas entre comillas, o los símbolos + y - para incluir o excluir información.
  Por ejemplo:
    "energía eólica" + costos + Texas
    "energía eólica" - "hidráulica"

¿Qué otras palabras clave puedes agregar a tu búsqueda?

____

COLABORA

Diseña un juego o un crucigrama Con un compañero o en grupo, haz un juego o un crucigrama sobre recursos energéticos.

- Piensa qué has aprendido sobre las fuentes de energía renovables y no renovables, y qué más te gustaría aprender sobre ellas.
- Haz una lista de las palabras clave para usarlas como términos de búsqueda.
- Usa un buscador para encontrar información.
- Resalta los datos más importantes.

Crea tu juego o crucigrama a partir de los datos que encontraste. Escriban las instrucciones del juego o crucigrama. Replanteen las instrucciones para asegurarse de que tengan sentido. Cuando termines, comparte tu juego con la clase.

tecnoNOTAS

Puedes encontrar modelos de crucigramas en línea. Estos pueden ayudarte a diseñar tu crucigrama fácilmente. ¿Qué palabras clave usarás para buscarlos?

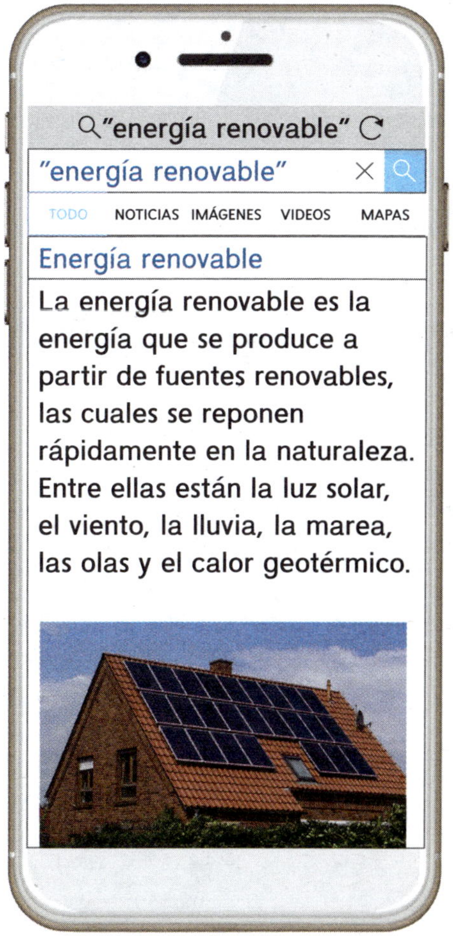

Antología de literatura, páginas 460-477

La isla de la energía

¿Por qué pone énfasis el autor en la palabra *corriente* cuando describe la isla de Samsø?

COLABORA

Coméntalo Vuelve a leer la página 461 de la **Antología de literatura.** Comenta con un compañero la descripción que el autor hace de la isla.

Cita evidencias ¿Qué es corriente, según el autor? Escribe las evidencias en la red de abajo.

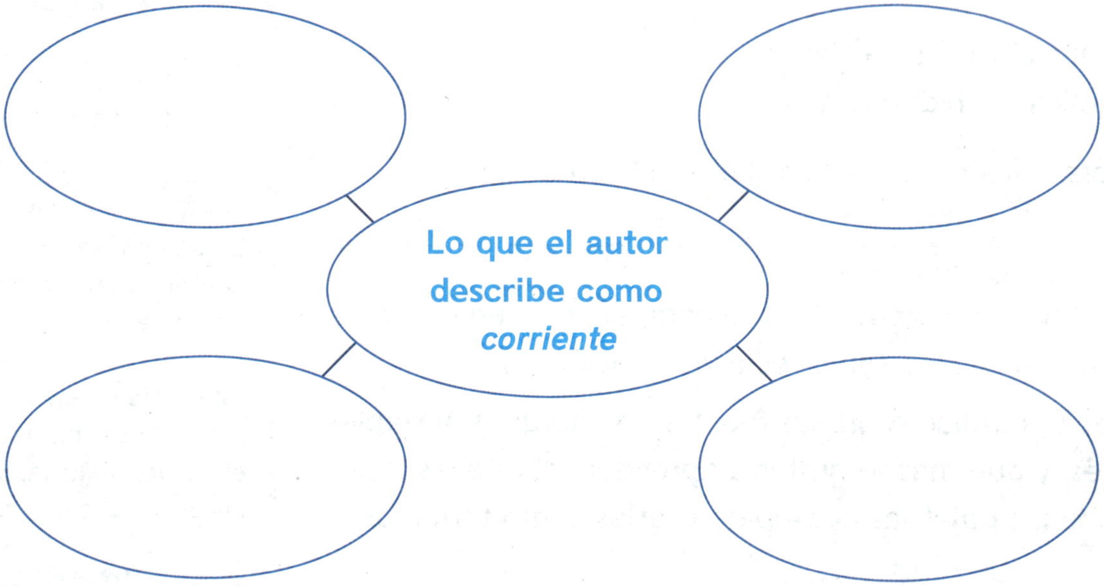

Escribe El autor pone énfasis en la palabra *corriente* cuando describe la isla de Samsø para ______________________________

____

____

____

Hacer inferencias

El narrador dice que, en el invierno, las familias encendían muchísimas luces y subían la calefacción para mantenerse calientes. ¿Qué puedes inferir sobre el invierno en Samsø?

Acuérdate

Cuando termines de leer una página, pregúntate sobre lo que leíste. Luego, vuelve a leer para encontrar la respuesta a la pregunta.

¿Por qué es importante la expresión "¡Sujeten sus sombreros!" para la idea de independencia energética de Samsø?

COLABORA

Coméntalo Vuelve a leer la página 465. Comenta con un compañero la sugerencia de Kathrine para la isla. Con base en su sugerencia, ¿por qué tendrían que sujetar sus sombreros los habitantes de Samsø?

Cita evidencias Explica los dos significados de "¡Sujeten sus sombreros!". Escribe las evidencias en la tabla de abajo.

Significado 1	Significado 2

Cómo se relacionan

Escribe El uso que el autor le da a la expresión "¡Sujeten sus sombreros!" es importante para la idea de independencia energética de Samsø

porque ____

____

____

Sintetizar información

Piensa en las experiencias que hayas tenido en un día ventoso. ¿Qué te dice esto sobre la potencia del viento? Combina lo que sabes del viento con lo que descubriste al leer el texto para mejorar tu comprensión del tema. ¿Crees que el viento puede ser una buena fuente de energía donde vives? Explica tu respuesta.

Acuérdate

Completa estas oraciones para comentar la idea de Kathrine.

- *Kathrine sugiere que se use la energía eólica porque...*
- *Los habitantes deben sostener sus sombreros porque...*

Releer

TEXTO PRINCIPAL

¿Por qué quiere el autor que visualices una isla activa y entusiasta al final de la selección?

COLABORA

Coméntalo Vuelve a leer la página 474 de la **Antología de literatura**. Comenta con un compañero cómo ha cambiado la isla de Samsø.

Cita evidencias ¿Cómo expresa el autor con sus palabras el entusiasmo que se vive por los cambios en la isla? Escribe las evidencias en la tabla de abajo.

Descripción de Samsø	Su eficiencia

Escribe El autor quiere que visualice una isla activa y entusiasta al final de la selección para ______________________________________

____

____

____

Evaluar información

En las notas al margen se brinda información que te permite comprender mejor el texto principal. ¿Qué aprendiste de la energía eólica en la nota al margen de la página 473? Explica cómo te ayudó a comprender mejor el relato.

Acuérdate

Si te parece que las notas al margen interfieren con tu comprensión de la secuencia del texto, devuélvete y lee el relato completo de principio a fin. Luego, lee las notas al margen.

Responder a la lectura

COLABORA

Responde por escrito la pregunta de abajo. Ten en cuenta tus conocimientos sobre las fuentes de energía. Consulta tus notas y el organizador gráfico.

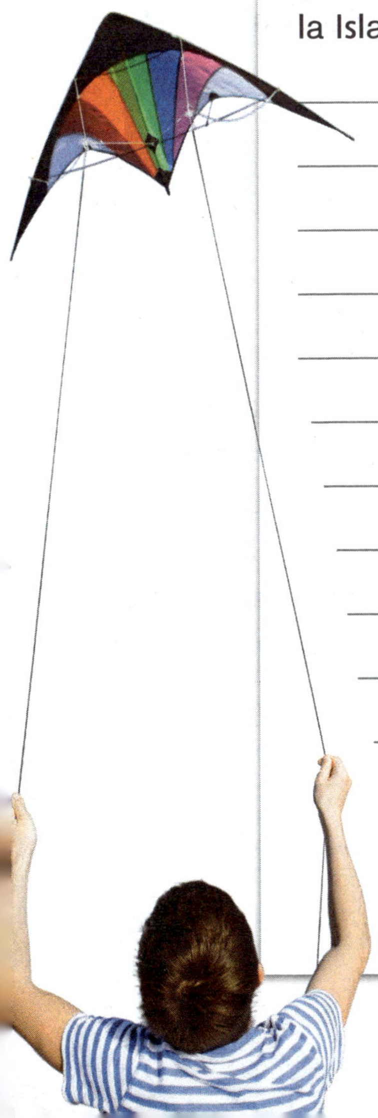

¿Qué quiere el autor que conozcas de la energía eólica y la gente de la Isla de la Energía?

Acuérdate

Completa estas oraciones para organizar las evidencias del texto.

- *El autor relata que la gente de la isla...*
- *Según el autor, cuando la isla se quedó sin electricidad...*
- *El autor incluye una sección en la que...*

Mis lecturas

Elige un texto. Lee las primeras dos páginas. Si no conoces cinco o más palabras, elige otro texto. Anota en tu cuaderno de escritura el título, el autor y el género del libro, y cuál es tu propósito de leer.

Releer | LECTURA COMPLEMENTARIA

Del fuego y el agua

Antología de literatura, páginas 480-483

El regalo del fuego

1 Para calmar al enfurecido Zeus, los seres humanos le ofrecían abundantes sacrificios y guardaban poco para ellos.

2 Prometeo pensaba que esto no era correcto y engañó a Zeus para que escogiera un plato sacrificial disfrazado en vez del suculento plato de su ofrenda. El plato que Zeus escogió se veía delicioso por fuera, pero por dentro era grasa y huesos. Cuando Zeus se dio cuenta del ardid, le arrebató el fuego a los humanos.

3 Prometeo le rogó a Zeus que cambiara de parecer, pero Zeus le prohibió que les llevara fuego. Prometeo veía cómo su creación comía carne cruda y tiritaba en el frío y la oscuridad. Acudió a Atenea en busca de ayuda, quien lo llevó al Monte Olimpo donde capturaría fuego para los seres humanos.

Vuelve a leer los párrafos 1 a 3 y toma notas. **Subraya** dos ejemplos del párrafo 3 que evidencien qué les ocurrió a los seres humanos cuando les quitaron el fuego. Escríbelos abajo.

1 ______________________________

2 ______________________________

COLABORA

Comenta con un compañero cómo el autor muestra la importancia del fuego. **Encierra en un círculo** la evidencia del texto que indica qué sintió Prometeo que debía hacer. ¿Cómo muestra el título el mensaje del mito? Sustenta tu respuesta con tus notas.

____

____

____

____

Agua contra sabiduría

1 Poseidón ofreció un obsequio. Alzó su tridente sobre su cabeza, le asestó un poderoso golpe a la pedregosa colina. Admirado, Cécrope vio cómo el hueco se llenaba de agua. En la calurosa y seca tierra de Grecia, el agua era un recurso precioso.

2 Los habitantes de Ática estaban maravillados y parecían listos para fallar a favor de Poseidón hasta que Atenea le dijo a Cécrope que probara el agua. Un sirviente le trajo un vaso al rey, quien, al probarla, la escupió. ¡Era agua salada! En Ática resultaba inservible.

3 Entonces, Atenea se aproximó portando la rama de un árbol que ningún ser humano había visto antes. Plantó la rama en el suelo y en el lugar brotó un olivo. El rey asintió complacido. Su pueblo tenía ahora una fuente de alimento, madera y aceite. Las hojas del árbol sugerían un mundo en paz.

Vuelve a leer el párrafo 1. **Encierra en un círculo** las palabras que emplea el autor para enfatizar la importancia que tenía el agua para los habitantes de Ática. Escríbelas aquí.

____

COLABORA

Vuelve a leer los párrafos 2 y 3. Comenta cómo el autor compara los regalos de Poseidón y Atenea a los habitantes de Ática. Si el agua era un recurso tan importante para ellos, ¿por qué eligieron el regalo de Atenea?

____

____

____

¿Por qué es "Agua contra sabiduría" un buen título para el mito? Sustenta tu respuesta con tus notas.

____

____

____

____

Lisa Desimini; Medioimages/Photodisc/Getty images

Releer

LECTURA COMPLEMENTARIA

¿Qué sugiere el autor sobre los recursos en ambos mitos?

COLABORA

Coméntalo Vuelve a leer los párrafos de las páginas 116 y 117. Con un compañero, compara y contrasta la información de ambos mitos. ¿Qué quiere el autor que comprendas sobre los recursos?

Cita evidencias Compara y contrasta lo que sugieren los mitos sobre los recursos. Escribe las evidencias en el organizador gráfico de abajo.

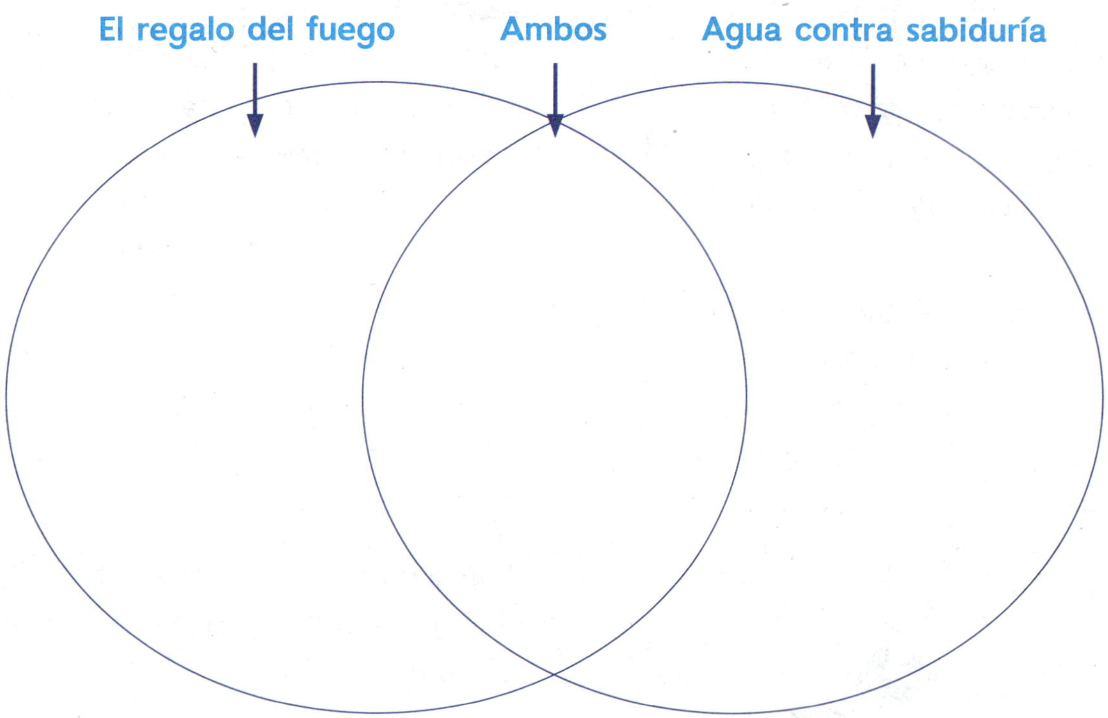

Escribe El autor sugiere que los recursos ____________________
____
____
____

Evaluar información

A medida que vuelves a leer, piensa en qué palabras e ideas tienen en común los textos. Luego, piensa en las palabras e ideas que son distintas. Descubre el mensaje del autor a partir de esta información.

Elementos de un mito

Los mitos son relatos de culturas antiguas de todo el mundo que tienen varios elementos en común. Por ejemplo, los mitos suelen relatar historias en las que intervienen dioses y diosas. Estos relatos tratan de explicar fenómenos naturales como de dónde vienen los truenos. Los mitos enseñan lecciones acerca del bien y del mal.

BUSCAR EVIDENCIAS

En la página 481, en los párrafos 2 y 3 de "Del fuego y el agua", el narrador cuenta qué le pasó a los seres humanos después de que Zeus les quitara el fuego y cómo Prometeo se los devolvió. El autor resalta la importancia del fuego para las personas de la antigüedad y relata un suceso maravilloso para explicar cómo obtuvieron el fuego de vuelta.

> Cuando el carruaje de Helios, el dios del sol, pasó por allí, Prometeo le robó una chispa y la escondió dentro de un tallo de hinojo.

Acuérdate

Al buscar la respuesta a una pregunta, lee la pregunta y luego vuelve a leer el texto. Subraya las evidencias que te ayudarán a responder la pregunta.

COLABORA

Tu turno Vuelve a leer los párrafos de la página 117.

- ¿Qué regalo le da Poseidón a Cécrope?

____

____

- ¿Cómo explica esto algo del mundo natural?

____

____

Conexiones del texto

¿Cómo te ayuda el artista a enfocarte en los recursos representados en la pintura? ¿En qué se parece esto a la forma como los autores de *La isla de la energía,* "Del fuego y el agua" y del *Blast* "Energizar el futuro" te permiten comprender la importancia de los recursos naturales?

Acuérdate

Observa la pintura. Nota qué objetos ocupan una mayor cantidad de espacio en esta. Luego, observa el fondo. Esto te ayudará a comparar la pintura con los textos que has leído.

COLABORA

Coméntalo Con un compañero, observa la pintura y lee la leyenda. Comenta los recursos naturales que ves y cómo se están utilizando en la pintura.

Cita evidencias **Encierra en un círculo** las claves de la pintura y la leyenda que indican cómo se utilizan los recursos naturales. **Dibuja una línea** para separar el cielo de la tierra. Nota que el artista compuso su pintura para captar la atención del observador en el molino de viento. Ahora, piensa en cómo los autores de las selecciones de la semana emplean palabras y frases para que comprendas la importancia de los recursos naturales.

Esta pintura al óleo se titula "El molino de Wijk bij Duurstede". Fue realizada por el artista holandés Jacob van Ruisdael, entre 1668 y 1670.

Escribe El artista y los autores me ayudan a comprender la importancia de los recursos naturales al ______________________________

____

____

____

____

Rijksmuseum, Amsterdam

CIENCIAS

Presentar el trabajo

COLABORA

Comenta con tu compañero cómo van a presentar su juego o crucigrama a la clase. Decidan cómo van a presentar las reglas y animar a sus compañeros a participar. Aplica las estrategias de la derecha a medida que practicas la presentación. Comenta los comienzos de oración de abajo y escribe tus respuestas.

Un dato interesante que aprendí acerca de los recursos naturales es ________

____

____

Me gustaría saber más acerca de ________________

____

____

Acuérdate

Antes de compartir tu juego o crucigrama, prepara una explicación corta de tu búsqueda con palabras clave. Cuéntale a la clase cómo usaste las palabras clave para investigar sobre tu tema.

Comprobar la presentación

- ☐ Ensaya tu presentación frente a un amigo. Pídele sugerencias.
- ☐ Habla con claridad y con ritmo y volumen adecuados. Al presentar, detente y pregunta si los oyentes comprenden las reglas.
- ☐ Utiliza un tono enérgico para animar a la clase a participar.
- ☐ Escribe algunos datos de la actividad en tarjetas, así estarás preparado para las preguntas.
- ☐ Escucha con atención las preguntas del público.

Antología de literatura, páginas 460-477

Texto modelo

Características de la narrativa de no ficción

Los autores de narrativas de no ficción presentan información de personas y sucesos reales. En la **narrativa de no ficción**:

- se cuenta un relato real de manera interesante;
- se presentan hechos y detalles específicos sobre un tema;
- a menudo se incluyen elementos del texto, como notas al margen.

gramatiNOTAS

El uso de verbos y pronombres como *éramos, tenemos* y *nuestro,* me indica que el autor está narrando el relato desde el punto de vista de la primera persona del plural. Al hacer esto, parece que toda la comunidad estuviera contándole su experiencia al lector.

Analiza el texto modelo Estudiar la narrativa de no ficción te ayudará a escribir ensayos de narrativa de no ficción. **Vuelve a leer** la página 461 de *La isla de la energía* en la **Antología de literatura**. Escribe tus respuestas abajo.

¿Cómo emplea el autor el lenguaje informal para que la narración sea interesante? ______________________________

____

____

Vuelve a leer los dos últimos párrafos. ¿Qué puedes inferir sobre la estructura del texto de la narración? ______________________________

____

____

____

Planificar: elige un tema

COLABORA

Lluvia de ideas Con un compañero, haz una lluvia de ideas de los recursos naturales que utilizas en un día normal. Por ejemplo, el agua cuando tomas un baño y la electricidad cuando prendes las luces. Enumera los recursos naturales abajo.

____

____

____

Instrucción de escritura ¿Qué puedes hacer para utilizar menos agua, menos electricidad y menos gas? Escribe un ensayo de narrativa de no ficción para explicar cómo podrías conservar los recursos naturales.

Propósito y público El **propósito del autor** es la razón principal por la que escribe. Al escribir una narrativa de no ficción, el propósito es informar y entretener.

Piensa en el **público** de tu texto. ¿Quién lo leerá?

Mi público será ______________________________

Voy a incluir lenguaje ________________ cuando escriba mi ensayo.

Planifica En tu cuaderno de escritura, haz un diagrama de conceptos para correlacionar tus ideas sobre conservar recursos. Escribe "Puedo conservar los recursos naturales al..." en el centro. Luego, escribe tus ideas en los círculos más pequeños.

Acuérdate

Puedes hacerte estas preguntas para planificar tu escrito:

- *¿Qué quiero que aprenda el público?*
- *¿Dónde puedo encontrar hechos y detalles del tema?*
- *¿Qué elementos del texto puedo incluir para ayudar a los lectores a comprender los puntos principales?*

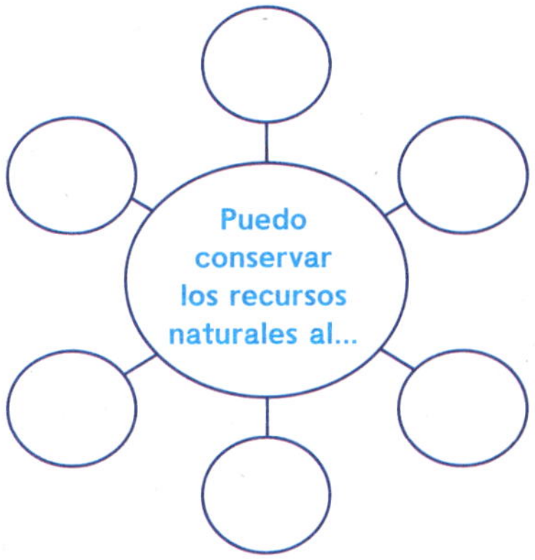

Planificar: secuencia

Ordenar los sucesos En un escrito narrativo, los escritores suelen presentar los sucesos en el orden en que ocurrieron. Esta secuencia de sucesos ayuda a los lectores a comprender qué ocurrió y por qué. Los escritores incluyen palabras y frases de secuencia para indicar el orden de los sucesos. Estas son algunas palabras de secuencia: *primero, después, luego* y *finalmente*.

Lee el párrafo de abajo. **Encierra en un círculo** las palabras de secuencia que indican el orden de los sucesos.

> Para hacer un sándwich de mantequilla de maní y mermelada, primero, saco dos rebanadas de pan. Luego, abro el frasco de mantequilla de maní y el de mermelada. Después, le unto mantequilla de maní a una de las rebanadas de pan y mermelada a la otra. Finalmente, junto ambas rebanadas de pan.

Observa el diagrama que hiciste en tu cuaderno de escritura. Enumera las ideas en el orden en que quieres escribirlas.

Toma notas Busca información e ideas de cómo conservar los recursos naturales que incluiste en tu diagrama de conceptos. Escribe tus notas en tu cuaderno de escritura.

Recursos digitales

Para obtener más información sobre cómo escribir textos de narrativa de no ficción, entra a **my.mheducation.com** y mira el tutorial "Propósito y público: texto informativo".

Hacer un borrador

Detalles específicos Los autores de narrativas de no ficción incluyen hechos, detalles, ejemplos y estadísticas para presentarles a sus lectores evidencias de un tema. En el ejemplo de abajo, el escritor explica cuánta de nuestra energía proviene de la energía hidráulica. El escritor incluye la idea principal en la primera oración y, después, los detalles específicos que sustentan la idea principal.

> Fui a la biblioteca a investigar cuánta de nuestra energía proviene de la energía hidráulica. Descubrí que cerca del 7.8 por ciento de la energía de Estados Unidos proviene de la energía hidráulica. Para mi sorpresa, una gran cantidad proviene de combustibles fósiles y también de energía nuclear. Esperaba ver un mayor porcentaje de fuentes renovables.

Utiliza el párrafo de arriba como modelo para escribir acerca de cómo conservar un recurso natural. En la primera oración, incluye estadísticas relacionadas con el recurso.

Haz un borrador Utiliza tu diagrama de conceptos para escribir un borrador en tu cuaderno de escritura. Asegúrate de incluir algunos datos como evidencia para cada idea que escribas.

Enlace gramatical

No escribas un número al comienzo de una oración. Por ejemplo, no escribas: *7.8 por ciento de la energía de Estados Unidos proviene de la energía hidráulica.* En su lugar, escribe: *En Estados Unidos, el 7.8 por ciento de la energía proviene de la energía hidráulica.*

Revisar

Palabras conectoras Los escritores incluyen palabras conectoras como *adicionalmente, además, por ejemplo, aunque, sin embargo* y *por lo tanto,* para unir ideas. Lee el párrafo de abajo. Luego, revísalo y agrega palabras conectoras para que las transiciones sean fluidas.

> Hay muchos problemas con el uso de combustibles fósiles para producir gasolina. Los combustibles fósiles son una fuente no renovable de energía. Estos contaminan el aire. Es mejor diseñar autos que no utilicen mucha gasolina.

Acuérdate

Al revisar, asegúrate de que los sucesos estén en el orden correcto. Luego, puedes unir las ideas con palabras o frases conectoras.

Revisión A medida que revisas tu borrador, combina y reorganiza tus ideas para que tus oraciones sean más claras y fáciles de leer. Estas deben estar completas y conectadas adecuadamente con signos de puntuación o palabras de transición. Verifica que hayas incluido suficientes datos, citas y estadísticas que se relacionen con tu tema.

sripfoto/Shutterstock.com

Charlas entre compañeros

COLABORA

Revisión del borrador Escucha con atención mientras tu compañero lee su trabajo en voz alta. Comenta lo que te gustó y lo que te resultó difícil de entender. Haz preguntas que ayuden a tu compañero a reflexionar sobre lo que escribió. Luego, haz sugerencias para mejorar el texto. Usa estas oraciones como guía para la charla:

Me gustó el comienzo de tu ensayo porque...

Creo que podrías usar datos para sustentar...

Me pregunto si podrías incluir una palabra conectora...

No estoy seguro si entiendo lo que ocurrió después de...

Sugerencias de compañeros Cuando tu compañero haya comentado tu borrador, escribe una de las sugerencias que aplicarás. Consulta la tabla de pautas de evaluación de la página 129.

A partir de las sugerencias de mi compañero, ______________________

____

____

____

Luego de la charla entre compañeros, reflexionen. ¿Resultó útil el intercambio? ¿Qué podrían hacer de otro modo la próxima vez?

Revisión Al revisar tu borrador, consulta las sugerencias de comprobar la revisión para determinar qué partes del texto debes mejorar. Consulta las pautas de evaluación de la página 129.

Comprobar la revisión

- ☐ ¿Es la secuencia de mi ensayo adecuada? ¿Tiene un principio, un desarrollo y un final claros?
- ☐ ¿Incluí suficientes hechos y detalles específicos para explicar mi tema?
- ☐ ¿Incluí las palabras conectoras correctas para mostrar la relación entre las ideas?
- ☐ ¿Ayudé al público a comprender el tema?

Corregir

Al **corregir** tu texto, tienes que buscar errores de ortografía, de puntuación, de uso de mayúsculas y de otros aspectos gramaticales. Si lees un borrador varias veces, estarás seguro de no pasar por alto ningún error. Fíjate en las sugerencias de comprobar la corrección.

Comprobar la corrección

- ☐ ¿Se usan correctamente los pronombres en singular y en plural?
- ☐ ¿Están entre comillas las citas de fuentes primarias?
- ☐ ¿Hay oraciones incompletas?
- ☐ ¿Hay concordancia entre sujeto y verbo en las oraciones?
- ☐ ¿Hay suficientes detalles específicos para sustentar el ensayo?
- ☐ ¿Tiene mi ensayo un orden lógico?

Acuérdate

Al corregir, busca un error a la vez. Concéntrate en la ortografía la primera vez que revisas el texto. Luego, devuélvete y revisa la estructura de las oraciones y la gramática. Finalmente, revisa la puntuación.

Escribe dos errores que hayas encontrado al corregir tu texto.

1. ______________________________

____

2. ______________________________

____

Publicar, presentar y evaluar

Publicación Al **publicar** tu texto, muestra una copia limpia, clara y sin errores. Si agregas elementos visuales, tu texto resultará más interesante. Considera incluir ilustraciones, fotos o mapas que hagan tu trabajo más atractivo.

Presentación Cuando estés listo para **presentar** tu trabajo, ensaya tu presentación. Como guía, lee las pautas de comprobar la presentación.

Evaluación Después de publicar tu texto, lee las pautas de evaluación que se muestran abajo para **evaluar** tu texto.

Comprobar la presentación

- ☐ Mira al público.
- ☐ Habla lentamente y con claridad.
- ☐ Habla a un volumen lo suficientemente alto para que todos te escuchen.
- ☐ Responde las preguntas a conciencia, con detalles de tu tema.

¿Qué aspectos son satisfactorios? ____________________

¿Qué partes requieren más trabajo? ____________________

4	3	2	1
• El texto sigue un orden lógico con un buen principio, desarrollo y final. • En el texto se incluyen hechos y detalles específicos que lo sustentan. • En el texto se incluyen palabras conectoras para organizar las ideas y hacer transiciones.	• El texto tiene una buena estructura, con un principio, un desarrollo y un final. • En el texto se incluyen algunos hechos y detalles específicos relacionados con el tema. • En el texto se incluyen algunas palabras conectoras para unir las ideas.	• La secuencia del relato es evidente, pero difícil de seguir. • Hay algunos hechos y detalles específicos relacionados con el tema. • Algunas ideas se unen con palabras conectoras, pero algunas secciones deberían tener mejores transiciones.	• No puede identificarse la secuencia del texto. • Hay pocos hechos y detalles específicos relacionados con el tema. • Las ideas no se unen con palabras conectoras.

Coméntalo

Pregunta esencial

¿Cómo conectan las tradiciones a las personas?

COLABORA

Los relatos, la música y la danza son parte de la tradición cultural y la historia de una persona. Los miembros de una cultura le enseñan sus tradiciones a la siguiente generación para preservarlas. Mantener vivas las tradiciones culturales forja un vínculo entre el pasado y el presente.

¿Cuáles son tus tradiciones? Describe algunas de ellas en el organizador gráfico. Luego, comenta con un compañero cómo las tradiciones conectan a las personas.

Tradiciones

Ve a **my.mheducation.com** y lee el *Blast* "Vive tu pasado". Piensa en cómo se transmiten las tradiciones familiares y la historia cultural. Luego, comenta tus respuestas al *Blast*.

Gunter Marx/Alamy Stock Photo

LECTURA COMPARTIDA

TOMA NOTAS

Lee el título y mira las ilustraciones. ¿Cuándo y dónde crees que ocurre el relato? Escribe las claves que te permiten inferir el ambiente del relato. Luego, haz una predicción de lo que va a ocurrir.

____

____

____

A medida que lees, anota:

Palabras interesantes: __________

____

____

____

Detalles clave: __________

____

____

____

____

____

UNA NUEVA CONSTITUCIÓN

Pregunta esencial

¿Cómo conectan las tradiciones a las personas?

Lee cómo una familia pudo prosperar gracias a que trabajaron juntos.

Miguel y Valentina suponen que hoy es un gran día. Habían oído que el Congreso Constituyente promulgaría una nueva constitución para México.

—¿Eso quiere decir que la Constitución de 1857 no servirá más? —pregunta Miguel.

Valentina tampoco entiende mucho. Parece **hipnotizada** tratando de entender. Como ella es bastante **comunicativa**, corre hacia donde su abuelo y le pregunta por qué cambiará la constitución.

El abuelo frunce el ceño. No sabe cómo contestar esta pregunta. Una constitución es el conjunto de leyes que rige a un país. Explicar su origen y su cambio no es una tarea sencilla.

—Es importante actualizar las leyes —responde el abuelo—, para que respondan mejor a las necesidades de los ciudadanos y a la organización del Estado. Hace siete años, inició la Revolución mexicana. En la **madrugada** del 20 de noviembre de 1910, muchos mexicanos se reunieron para mostrar su descontento y hacer algo para que las cosas cambiaran.

—¿Por qué estaban inconformes? —pregunta Miguel.

—Porque, entre otras cosas, el presidente, Porfirio Díaz, llevaba 30 años en el poder sin hacer mayores cambios. Además, la gente trabajaba largas jornadas sin descanso y la paga no era buena. Había pocos terratenientes y estos explotaban a los trabajadores. Durante muchos años tuvieron problemas de salud, entre ellos **epidemias** que se propagaron en varios estados.

Sam Ledoyen

BUSCAR EVIDENCIAS

Leer

Párrafo 4

Connotación

Subraya las oraciones que te permiten comprender la connotación de la expresión "fruncir el ceño". Escribe abajo el significado de la expresión.

____

____

____

Tema

Encierra en un círculo los motivos por los que la población mexicana estaba inconforme.

Releer

Técnica del autor

¿Qué detalles incluye el autor para que comprendas la importancia de una constitución?

LECTURA COMPARTIDA

BUSCAR EVIDENCIAS

Leer

Párrafos 3–6

Diálogo

Subraya las preguntas que hace Miguel a causa de su distracción.

Tema

Encierra en un cuadrado las evidencias del texto en las que el abuelo expresa su posición sobre la Revolución mexicana. ¿Cuál es su opinión?

____

____

____

____

Releer

Técnica del autor

La última frase de esta página es "La Constitución fue aprobada". ¿Qué puedes predecir que narrará el autor en la página siguiente?

—Además —continúa el abuelo—, con la extrema **vigilancia** de los terratenientes y los pagos injustos, los trabajadores no tenían alimento. Y, cuando se quejaban, no tenían el apoyo del Gobierno ni del presidente.

—¿Qué pasó con Porfirio Díaz? —pregunta Miguel.

—Los conflictos deben solucionarse hablando. Pero el pueblo decidió no hacerles caso a los terratenientes, ni a las leyes, ni a nada.

—Pero —dice asombrada Valentina— las leyes se hicieron para que todos, aunque seamos diversos, nos comportemos de la misma forma.

—Por eso, la Revolución mexicana fue una época caótica —dice el abuelo—. Sin embargo, hace dos años se dio un paso gigante.

—¿Un gigante? ¿Dónde? —pregunta Miguel, quien se ha distraído.

Valentina no puede contener la risa; el abuelo, tampoco.

—Para **honrar** la lucha de los trabajadores mexicanos —retoma el abuelo—, en 1915, el Gobierno mexicano aprobó el descanso dominical de los trabajadores. Lo hizo obligatorio y estableció una jornada laboral única de ocho horas.

En ese momento, se escucha: "La Constitución fue aprobada".

Sam Ledoyen

El abuelo continúa con su explicación y dice a los niños que esta nueva Constitución protege los derechos humanos (como lo hacía la de 1857). Además, no permite la reelección presidencial. Y reitera que la jornada laboral debe ser de máximo ocho horas diarias y que los domingos son de descanso.

—Además, mis niños —afirma el abuelo con una gran sonrisa—, con lo aprobado hoy, 5 de febrero de 1917, la educación primaria debe ser obligatoria y gratuita.

—Y ¿qué pasó con los terratenientes? —pregunta Valentina.

—La nueva Constitución establece que la tierra, la que antes era de nuestros **ancestros**, es propiedad de la nación. Solo el Gobierno mexicano puede ceder a particulares el derecho de propiedad de la tierra. Es decir, desaparecieron los antiguos terratenientes y la repartición de la tierra será más justa.

La nueva Constitución de México tomó como base la Constitución de 1857. Se fundamentó en muchos de los preceptos y las leyes establecidos en ella. Además, incluyó leyes que promovían la libertad y la igualdad de los mexicanos.

Resumir

Resume "Una nueva Constitución" con ayuda de tus notas y las ilustraciones. ¿Se confirmó la predicción que escribiste en la página 132?

Sam Ledoyen

BUSCAR EVIDENCIAS

Leer

Párrafos 1–2

Volver a leer

Encierra en un círculo el gesto del abuelo con el que puedes saber que aprueba la nueva Constitución.

Tema

Vuelve a leer los aportes de la nueva Constitución de México. **Subraya** qué establece sobre la tierra. Escribé qué ordena sobre la educación primaria.

____

Releer

Técnica del autor

¿Cómo influye el ambiente histórico del relato en los sucesos de la trama?

Fluidez

Túrnate con un compañero para leer el primer párrafo de esta página con precisión y un ritmo apropiado.

Vocabulario

A partir de las oraciones que se dan como ejemplo, comenta con un compañero lo que significa cada palabra. Luego, responde las preguntas.

ancestro

Algunos grupos indígenas honran a sus **ancestros** con festividades.

¿Por qué es importante honrar a los ancestros?

____

____

comunicativo

Me gustan las personas **comunicativas** porque hablan de muchos temas.

¿Cuál es un sinónimo de comunicativo?

____

____

determinación

Federico tomó la **determinación** de renunciar a su trabajo e irse de viaje por Sudamérica.

¿Qué determinación importante has tomado?

____

____

epidemia

Las **epidemias** son brotes de una enfermedad que se propaga entre mucha gente en un mismo lugar.

¿Qué epidemias que hayan ocurrido recuerdas?

____

hipnotizado

Mi sobrina estaba **hipnotizada** viendo el espectáculo del mago.

¿Qué te hace sentir hipnotizado?

____

____

Tu lista de palabras Vuelve a leer el cuarto párrafo de la página 135. En tu cuaderno de escritura, anota las palabras que te ayudan a entender el significado de *propiedad.* Menciona sobre qué cosas tienes propiedad.

honrar

Fuimos al monumento para **honrar** a los soldados caídos.

¿Cómo puedes honrar a las figuras importantes de tu estado?

____

madrugada

El viento de la **madrugada** hiela las lilas que mi mamá sembró en el jardín.

Escribe dos cosas que sucedan en la madrugada.

____

vigilancia

Antes había poca **vigilancia** en el parque, por lo que mi mamá me decía que no jugara allá.

¿Qué lugares necesitan vigilancia?

____

____

Connotación y denotación

La **connotación** de una palabra es una idea, un concepto o un sentimiento que no está contenido en el significado específico o literal de esa palabra. La **denotación** es el significado específico, o literal, de la palabra.

BUSCAR EVIDENCIAS

Cuando leo la palabra hipnotizada *en la página 133, sé que su connotación es diferente de su denotación. La connotación es* "hechizada, fascinada"*, mientras que su denotación es* "estar en estado de hipnosis".

Valentina tampoco entiende mucho. Parece hipnotizada tratando de entender. [...] y le pregunta por qué cambiará la constitución.

Tu turno Fíjate en las claves de contexto para deducir la connotación y la denotación de la siguiente palabra de "Una nueva Constitución".

responder, página 133 ____

____

Sam Ledoyen

Releer | LECTURA COMPARTIDA

Volver a leer

Al leer un relato de ficción histórica, puedes encontrar información o ideas que desconocías. A medida que lees "Una nueva Constitución", detente y vuelve a leer las secciones del texto más complejas para asegurarte de que las has comprendido y recuerdas los detalles clave.

BUSCAR EVIDENCIAS

Quizá no conoces los factores que propiciaron la Revolución mexicana. Vuelve a leer el último párrafo de la página 133 de "Una nueva Constitución".

Página 133

> —Porque, entre otras cosas, el presidente, Porfirio Díaz, llevaba 30 años en el poder sin hacer mayores cambios. Además, la gente trabajaba largas jornadas sin descanso y la paga no era buena. Había pocos terratenientes y estos explotaban a los trabajadores.

Leí que los trabajadores sufrían mucho en el trabajo y que la tierra estaba en pocas manos. De esto puedo inferir que la población mexicana no estaba satisfecha con el Gobierno.

COLABORA

Tu turno ¿Qué aprobó el Gobierno mexicano para honrar la lucha de los trabajadores? Vuelve a leer la página 134 para encontrar la respuesta. A medida que lees, utiliza la estrategia de Volver a leer.

____

____

Acuérdate

Cuando se presenten en el texto muchos datos o ideas, subraya la información relevante. Para distinguir los temas, utiliza marcadores de diferentes colores.

De lectores a escritores

Para entender y evaluar los detalles clave de una ficción histórica, analiza los elementos de la trama: el comienzo, el desarrollo y el final. Durante la acción ascendente, el personaje identifica un problema. En el clímax, la historia llega a un punto de inflexión. Durante el desenlace, el problema comienza a resolverse. Eso lleva a la resolución, cuando el problema se soluciona. Comenta con un compañero para aclarar las preguntas que tengas sobre "Una nueva Constitución".

Diálogo

"Una nueva Constitución" es un texto de ficción histórica. Los textos de ficción histórica suceden en el pasado y tienen personajes, un ambiente y sucesos realistas. El relato puede tratar de personas reales y sucesos que ocurrieron en la realidad. Por lo general, contiene diálogos.

De lectores a escritores

Cuando los autores emplean el diálogo, imaginan cómo se escucharía cada personaje al hablar. Al escribir los diálogos, imagina que escuchas las voces de los personajes.

BUSCAR EVIDENCIAS

Puedo decir que "Una nueva Constitución" es un texto de ficción histórica. Sé que la Revolución mexicana fue un suceso que ocurrió en la vida real y que en 1917 se promulgó una nueva Constitución de México. El autor emplea fechas para que el relato sea realista. Los diálogos son ficticios y los personajes pudieron haber existido en la realidad.

Página 134

—Además —continúa el abuelo—, con la extrema **vigilancia** de los terratenientes y los pagos injustos, los trabajadores no tenían alimento. Y, cuando se quejaban, no tenían el apoyo del Gobierno ni del presidente.

—¿Qué pasó con Porfirio Díaz? —pregunta Miguel.

—Los conflictos deben solucionarse hablando. Pero el pueblo decidió no hacerles caso a los terratenientes, ni a las leyes, ni a nada.

—Pero —dice asombrada Valentina— las leyes se hicieron para que todos, aunque seamos diversos, nos comportemos de la misma forma.

—Por eso, la Revolución mexicana fue una época caótica —dice el abuelo—. Sin embargo, hace dos años se dio un paso gigante.

—¿Un gigante? ¿Dónde? —pregunta Miguel, quien se ha distraído.

Valentina no puede contener la risa; el abuelo, tampoco.

—Para **honrar** la lucha de los trabajadores mexicanos —retoma el abuelo—, en 1915, el Gobierno mexicano aprobó el descanso dominical de los trabajadores. Lo hizo obligatorio y estableció una jornada laboral única de ocho horas.

En ese momento, se escucha: "La Constitución fue aprobada".

Sam Ledoyen

Diálogo

El diálogo se refiere a lo que dicen los personajes del relato. Al leer los diálogos, puedes conocer sus pensamientos y sentimientos.

COLABORA

Tu turno Repasa y comenta los personajes y los sucesos de "Una nueva Constitución". Escribe dos ejemplos tomados del relato que te permitan inferir que es un texto de ficción histórica.

____

____

____

____

____

Releer | LECTURA COMPARTIDA

Tema

El tema de un texto es el mensaje o la lección de vida que el autor quiere transmitir. Para deducir el tema de un relato, piensa en lo que hacen y dicen los personajes, y en la manera como cambian en el relato. Presta atención a sus pensamientos y sentimientos.

BUSCAR EVIDENCIAS

Cuando leo la página 133, leo que el abuelo frunce el ceño cuando le preguntan por la nueva Constitución. Entiendo que es un asunto serio. Pienso que estos detalles son relevantes para el tema del relato.

Detalle

El abuelo les cuenta a los niños que el pueblo mexicano no estaba satisfecho con su Gobierno.

↓

Detalle

El abuelo cree que la violencia no es el camino correcto para solucionar los problemas.

↓

Tema

> **Acuérdate**
>
> Haz una inferencia para identificar el tema. Busca detalles relevantes del texto. Luego, recurre a lo que sabes para deducir el mensaje que el autor quiere transmitir.

COLABORA

Tu turno Vuelve a leer “Una nueva Constitución”. ¿Qué otros detalles son relevantes para el tema? Anótalos en el organizador gráfico de la página 141. Deduce el tema del relato a partir de los detalles.

Detalle

↓

Detalle

↓

Detalle

↓

Tema

Responder a la lectura

COLABORA

Responde por escrito la pregunta de abajo. Piensa en cómo el autor desarrolla el tema. Consulta tus notas y el organizador gráfico.

¿Cómo comunica el autor el mensaje de que una constitución es importante?

____

____

____

____

____

____

____

____

____

____

____

____

____

____

____

Acuérdate

Comenta con un compañero las preguntas que tengas. Esto te permitirá obtener información y mejorar tu comprensión del texto. Completa estas oraciones para responder la pregunta:

- *Al comienzo del relato, los niños...*
- *El abuelo les dice que el pueblo mexicano...*
- *Al final, el abuelo les comenta...*

Enlace gramatical

Al escribir tu respuesta, asegúrate de escribir con mayúscula inicial los nombres propios, como los nombres de personas o de lugares. Por ejemplo: *Porfirio Díaz.* Los nombres de sucesos históricos y documentos oficiales también se escriben con mayúscula inicial: *la Revolución mexicana, la Constitución mexicana.*

Integrar

BÚSQUEDA E INVESTIGACIÓN

Hacer un plan de investigación

Un **plan de investigación** te permite manejar el tiempo y no desviarte de tu objetivo. Para hacer un plan de investigación:

- escribe el tema de tu investigación. Pídele a un bibliotecario o a un adulto que te ayude en tu investigación;
- haz una lluvia de ideas de lugares en los que puedes encontrar información relacionada con el tema. Por ejemplo, un libro de la biblioteca o fuentes confiables de internet;
- haz una lista de los detalles que te gustaría investigar;
- indica si hay organizaciones o personas con las cuales te podrías contactar para obtener más información.

Haz una tabla y escribe las preguntas que te gustaría responder. Escribe una pregunta con cada una de estas palabras: ¿quién?, ¿qué?, ¿dónde?, ¿cuándo?, ¿por qué? y ¿cómo?

¿Qué elementos visuales podrías utilizar en tu investigación?

Escribe una entrada de una enciclopedia Elige un grupo indígena que viva en tu estado. Haz un plan de investigación para aprender más del grupo y responde las siguientes preguntas:

- ¿Qué tradiciones tiene el grupo indígena?
- ¿Por qué se estableció el grupo indígena en esa región?
- ¿Cuánto tiempo ha vivido el grupo indígena en ese lugar?

Asegúrate de que tu entrada de enciclopedia incluya un elemento visual. Por ejemplo, un mapa de tu estado que muestre dónde vive el grupo.

tecnoNOTAS

Escribe las preguntas entre comillas al utilizar el motor de búsqueda. Si otros investigadores se preguntaron la misma pregunta que tú planteaste, las comillas servirán para que encuentres respuestas más fácilmente. Si no encuentras información, borra las comillas e inténtalo de nuevo.

Releer | TEXTO PRINCIPAL

Rodrigo. Un relato de Texas

Antología de literatura, páginas 484–497

¿Por qué emplea la autora el lenguaje sensorial para mostrar el papel que desempeña el agua en el relato?

COLABORA

Coméntalo Vuelve a leer las páginas 491 y 492 de la **Antología de literatura**. Comenta con un compañero por qué el agua era importante para Rodrigo.

Cita evidencias ¿Qué detalles del texto indican qué sentía Rodrigo hacia el agua? Escribe las evidencias en el organizador gráfico.

Detalles sensoriales	¿Por qué es esto efectivo?

Escribe La autora emplea el lenguaje sensorial para mostrar el papel del agua porque ____

____

Hacer inferencias

Onawa se rehúsa a que la llamen Edelmira. Ella no quiere que la llamen con un nombre español difícil de pronunciar. ¿Qué puedes inferir de este personaje a partir de esa decisión?

Acuérdate

Al volver a leer el texto, piensa en cómo el autor emplea los detalles sensoriales. Puedes comprender los problemas que han enfrentado los personajes por medio de los detalles sensoriales.

¿Qué función cumplen en el relato las descripciones de la vida al aire libre en la misión?

COLABORA

Coméntalo Vuelve a leer las páginas 488-489 y 491-492 de la **Antología de literatura**. Comenta con un compañero cómo la autora describe la presencia de la naturaleza en la vida en la misión.

Cita evidencias ¿Qué detalles sensoriales utiliza la autora para describir la vida al aire libre en la misión? Escribe las evidencias del texto en la red.

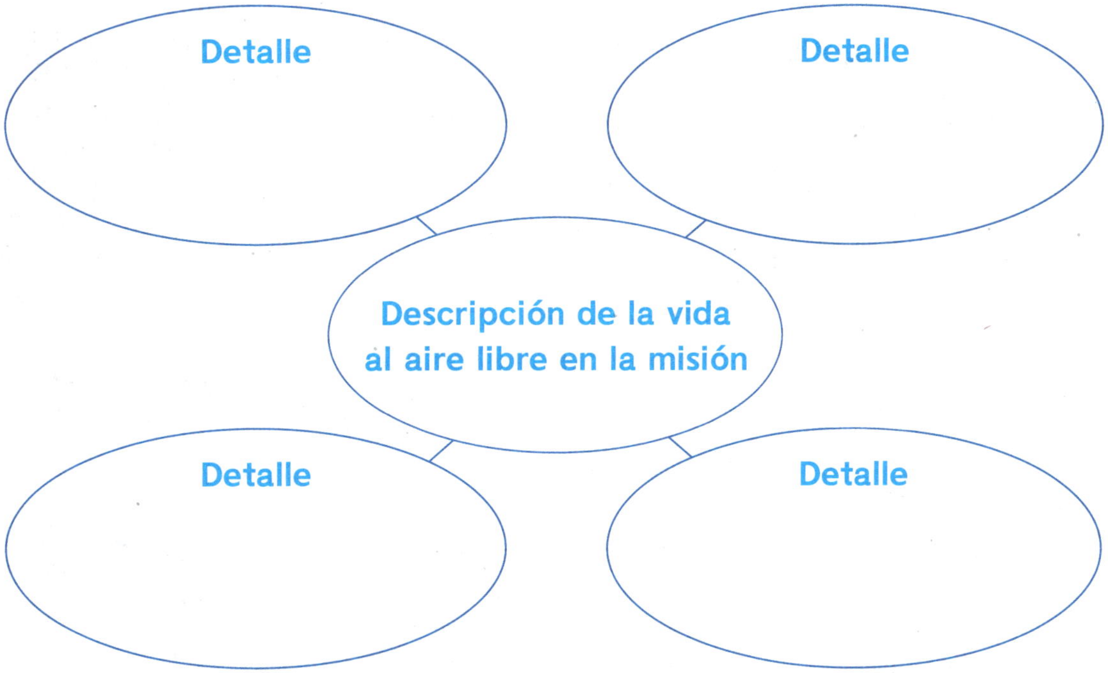

Escribe La autora describe la vida al aire libre en la misión para ________

____

____

Sintetizar información

Piensa en tu hogar y tu familia. ¿Es similar tu vida a la vida cotidiana de Rodrigo? ¿También debes realizar una tarea determinada en tu casa?

Acuérdate

Al leer un relato, presta atención a los detalles sensoriales. A menudo, los autores apelan a los cinco sentidos (la vista, el habla, la escucha, el tacto y el olfato) para que puedas imaginar la vida y las experiencias de los personajes. Puedes completar estas oraciones para hablar de la vida al aire libre.

La autora describe el paisaje...

Estas descripciones me permiten visualizar...

Releer | # TEXTO PRINCIPAL

¿Cómo muestra la autora que la cultura apache está ligada a la vida en el campo?

COLABORA

Coméntalo Vuelve a leer las páginas 494, 495 y 496. Comenta con un compañero lo importante que es para Rodrigo la cultura apache.

Cita evidencias ¿Qué fragmentos muestran la relación de la cultura apache con el campo y el paisaje? Escribe las evidencias del texto abajo.

Fragmentos		Lo que muestran
	→	

Escribe La autora muestra que la cultura apache está ligada a la vida en el campo a través de ______________________________

____

Evaluar información

El ambiente histórico es la descripción de la época del relato. El ambiente cultural es la descripción de las tradiciones y las costumbres de los personajes. La manera como actúan los personajes en un ambiente histórico desarrolla la trama del relato. ¿Cuál es el ambiente de *Rodrigo. Un relato de Texas*? ¿Cómo influyen el ambiente histórico y el ambiente cultural en la trama del relato?

Acuérdate

Al volver a leer el texto, visualiza la escena que describe la autora. Imagina cómo actúa Rodrigo cuando ve al jinete misterioso. Esto te permitirá entender las acciones que Rodrigo lleva a cabo después.

Responder a la lectura

COLABORA

Comenta esta instrucción. Al responder, ten en cuenta cómo el autor emplea el lenguaje sensorial. Consulta tus notas y el organizador gráfico.

¿Cómo sabes que las raíces de Rodrigo son importantes para el mensaje del relato?

Acuérdate

Completa estas oraciones para comentar el texto y citar las evidencias del texto:

- *La autora emplea palabras y frases para que yo pueda visualizar...*
- *Las descripciones de la autora sustentan el mensaje del relato porque...*
- *Los detalles sensoriales me permiten comprender el tema porque...*

Mis lecturas

Elige un texto. Lee las primeras páginas. Si no te interesa, elige otro y lee por tu cuenta por un determinado tiempo. Anota en tu cuaderno de escritura el título, el autor, el género del libro y tu propósito de leer.

Releer **LECTURA COMPLEMENTARIA**

Para que no olvides que eres maorí

Antología de literatura: páginas 500-503

1 Aroha siempre se había sentido muy orgullosa de ser maorí. Por eso siempre intentó conservar sus tradiciones y costumbres indígenas enseñándoselas a su hijo Eleu. Sin embargo, las cosas han cambiado mucho en los últimos años en la aldea, pues las personas que han decidido tener una vida urbana han comenzado a olvidar las tradiciones, las costumbres y el idioma de sus antepasados. Muchos ya lo han olvidado por completo y en las escuelas de Nueva Zelanda no se enseña ni es permitido hablar en él.

Encierra en un círculo qué intentó hacer Aroha con su orgullo maorí. ¿Cómo han cambiado las cosas en los últimos años en la aldea?

____

____

____

COLABORA

Comenta con un compañero cómo cambió la vida de los indígenas de Texas cuando llegaron los europeos. ¿Cómo se parecen esos cambios a la descripción que hace la autora?

____

____

____

____

____

Para que no olvides que eres maorí

1 —Queridos ancianos, después de haber conseguido con mi grupo que se crearan muchos programas de recuperación en distintos lugares y de ver la creación de escuelas bilingües desde 1978, creo que es necesario implementar estos cambios para los jóvenes de nuestra comunidad.

2 Después de escucharlo, el *ariki rangi*, o jefe de la aldea, pidió la opinión del consejo de ancianos acerca de la propuesta que Eleu les había hecho.

3 —La idea es muy buena, *ariki rangi* —respondió uno de los miembros del consejo al jefe de la tribu—. Es preocupante ver cómo los jóvenes se han deslumbrado por otras culturas, los objetos de consumo masivo que producen sus **industrias** y sus costumbres, olvidando su origen.

ESTUDIOS SOCIALES

Vuelve a leer el párrafo 1. **Subraya** los cambios que se han llevado a cabo para rescatar la cultura maorí.

Vuelve a leer el párrafo 2. **Encierra en un cuadrado** el nombre maorí del jefe de la aldea.

COLABORA

Vuelve a leer el párrafo 3. Comenta con un compañero cómo podrían los indígenas del presente honrar su origen, de la misma forma como lo hacen los jóvenes maorí. Escribe abajo dos ejemplos de cómo podrían hacerlo.

1 ______________________________

____

2 ______________________________

____

Releer | LECTURA COMPLEMENTARIA

¿Cómo organizó el texto la autora para mostrar los cambios que se hicieron para preservar la cultura maorí?

COLABORA

Coméntalo Vuelve a leer las páginas 502 y 503 de la **Antología de literatura.** Comenta con un compañero las reformas que impulsó el grupo "Nga Tamatoa".

Cita evidencias ¿Qué cambios se hicieron para preservar la cultura maorí? ¿Por qué son importantes? Escribe las evidencias del texto en el organizador gráfico.

Cambios	Importancia

Escribe La autora muestra los cambios que se hicieron para preservar la cultura maorí al ______________________________

____

____

____

____

Hacer inferencias

A medida que lees, compara la lucha del Nga Tamatoa con la lucha de los indígenas de Texas. ¿Por qué crees que es importante que los indígenas mantengan vivo su pasado?

Seregam/Shutterstock.com

Mapas

Un mapa es una representación de una parte de la superficie terrestre o del océano. Hay muchos tipos de mapas. En algunos se muestran las características físicas de un territorio y en otros, el clima o los productos de una región.

Un mapa puede incluir un título, rótulos, una leyenda, una rosa de los vientos y una escala. En la leyenda se muestra lo que representan los colores y símbolos del mapa. La rosa de los vientos indica los puntos cardinales. La escala es útil para saber la distancia entre dos lugares.

Los escritores de textos de ficción histórica a menudo muestran lugares reales por medio de mapas.

Evaluar información

Vuelve a leer dónde estaba ubicado cada grupo indígena. Luego, mira el mapa y evalúa los problemas que enfrentó cada grupo en su nuevo entorno. Compara y contrasta las diferencias en el terreno y el clima de los territorios.

BUSCAR EVIDENCIAS

En este mapa se muestra el lugar en el que fueron reubicados algunos grupos indígenas a mediados del siglo XIX.

La Ley de Expulsión de Indios de 1830 reubicó a grupos indígenas al oeste del río Misisipi.

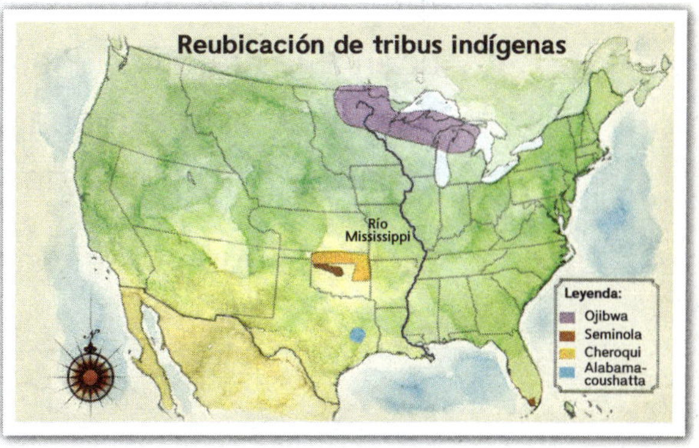

COLABORA

Tu turno Vuelve a observar el mapa. Responde las siguientes preguntas.

- ¿Qué grupo indígena quedó ubicado más al norte? ____________________
- ¿Qué grupo indígena quedó ubicado más al sur? ____________________

____

Integrar | HACER CONEXIONES

Conexiones del texto

¿Cómo expresa el fotógrafo un punto de vista similar sobre las tradiciones al punto de vista de los autores de *Rodrigo. Un relato de Texas,* "Para que no olvides que eres maorí" y del *Blast* "Vive tu pasado"?

COLABORA

Coméntalo Observa la fotografía y lee la leyenda. Comenta con un compañero cómo el fotógrafo muestra que las tradiciones son importantes.

Cita evidencias **Encierra en un círculo** detalles de la fotografía en los que se muestre cómo las tradiciones unen a las familias. **Subraya** una frase en la leyenda en la que también se muestre cómo las tradiciones unen a las familias. Piensa en las selecciones que leíste esta semana. ¿Cómo comunican los autores su punto de vista?

Escribe El punto de vista del fotógrafo es

como ______________________________

____

____

____

____

____

Acuérdate

Cuando haya una fotografía en una selección, pregúntate por qué la eligió el autor. Lee la leyenda y fíjate en los detalles de la imagen. Compara la fotografía con las selecciones y el *Blast* a partir de las claves de la imagen.

Una mujer navajo le enseña a su nieta el arte de hilar a mano la lana.

Integrar | BÚSQUEDA E INVESTIGACIÓN

ESTUDIOS SOCIALES

Presentar el trabajo

COLABORA

Cuando hayas completado tu plan de investigación, tómalo como guía para escribir una entrada de enciclopedia. En esta, escribe acerca del grupo indígena que elegiste y su relación con tu estado.

Comenta cómo presentarás tu entrada de enciclopedia y mapa o imagen a la clase. Con tus compañeros, comenten cómo puedes combinar tu trabajo para hacer una guía de referencia para la clase. Aplica las estrategias de la derecha. Comenta los comienzos de oración de abajo y escribe tus respuestas.

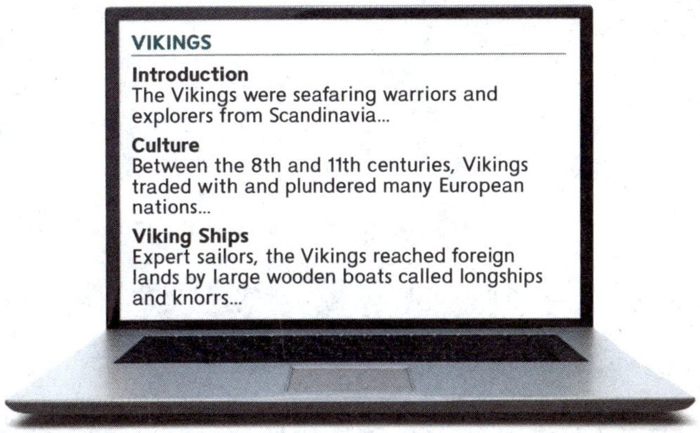

Un dato interesante que aprendí sobre el grupo indígena es ______________________________

____

____

____

Me gustaría aprender más sobre ______________________________

____

____

____

Acuérdate

Si hiciste un mapa, asegúrate de que los nombres sean claros y fáciles de leer. Si empleaste fotografías e ilustraciones, asegúrate de haber incluido una leyenda con la información adicional sobre el tema.

Comprobar la presentación

- [ ] Ensaya tu presentación frente a un amigo. Pídele sugerencias.
- [ ] Habla con claridad y con ritmo y volumen adecuados. Detente para preguntar si los lectores están entendiendo.
- [ ] Haz contacto visual con el público.
- [ ] Señala las partes clave del mapa o imagen que estás describiendo.
- [ ] Escucha las preguntas atentamente.

David Vernon/Getty Images

Coméntalo

Pregunta esencial

¿Qué forma la identidad de una persona?

COLABORA

Las personas de tu vida influyen en ti. Sin embargo, eres único. Piensa en las personas que te rodean, como tu familia y amigos. ¿En qué te pareces a ellas? ¿En qué te diferencias?

Comenta con un compañero qué contribuye a forjar la identidad de las personas. ¿Qué te hace ser quien eres? Escribe en la red de palabras los términos que emplearon durante la conversación.

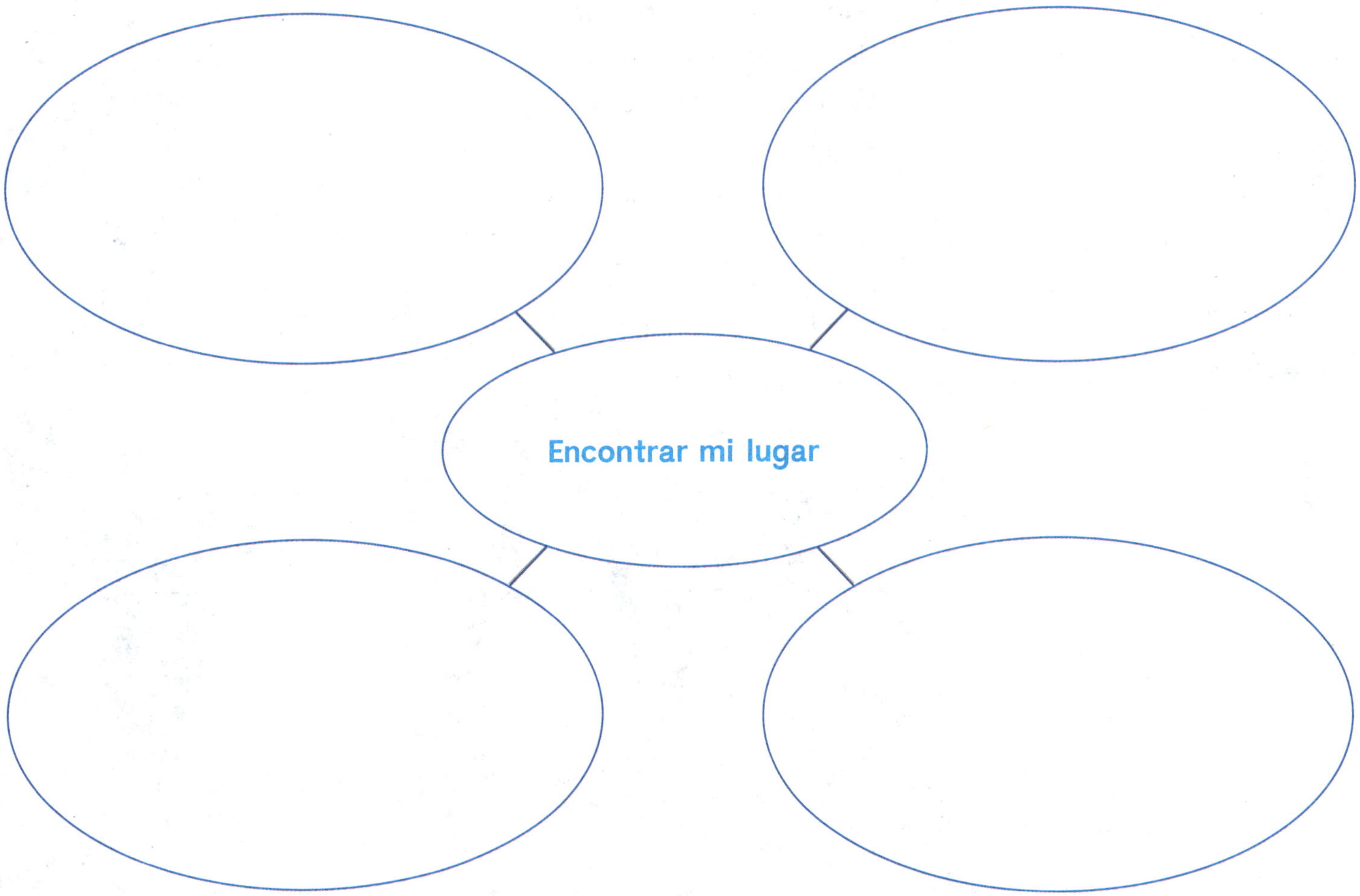

BLAST BACK! studysync

Ve a **my.mheducation.com** y lee el *Blast* "Ser Bessie". Piensa en cómo puedes buscar tu lugar en el mundo. Luego, comenta tus respuestas al *Blast*.

TOMA NOTAS

Lee los títulos y mira las ilustraciones. Piensa por qué lees poesía y por qué la experiencia de leer un poema es diferente a la de leer un relato. Escribe abajo tu propósito de leer poesía.

A medida que lees, anota:

Palabras interesantes:

Detalles clave:

Oda a la escuela

Ahora que el curso termina,
nos despedimos felices,
como buenos aprendices
de una noble disciplina.
Con esa luz que germina
en la risa y la mirada,
contemplamos la alborada
de un brillante y nuevo día.
Nos invade la alegría
con fuerza de marejada.

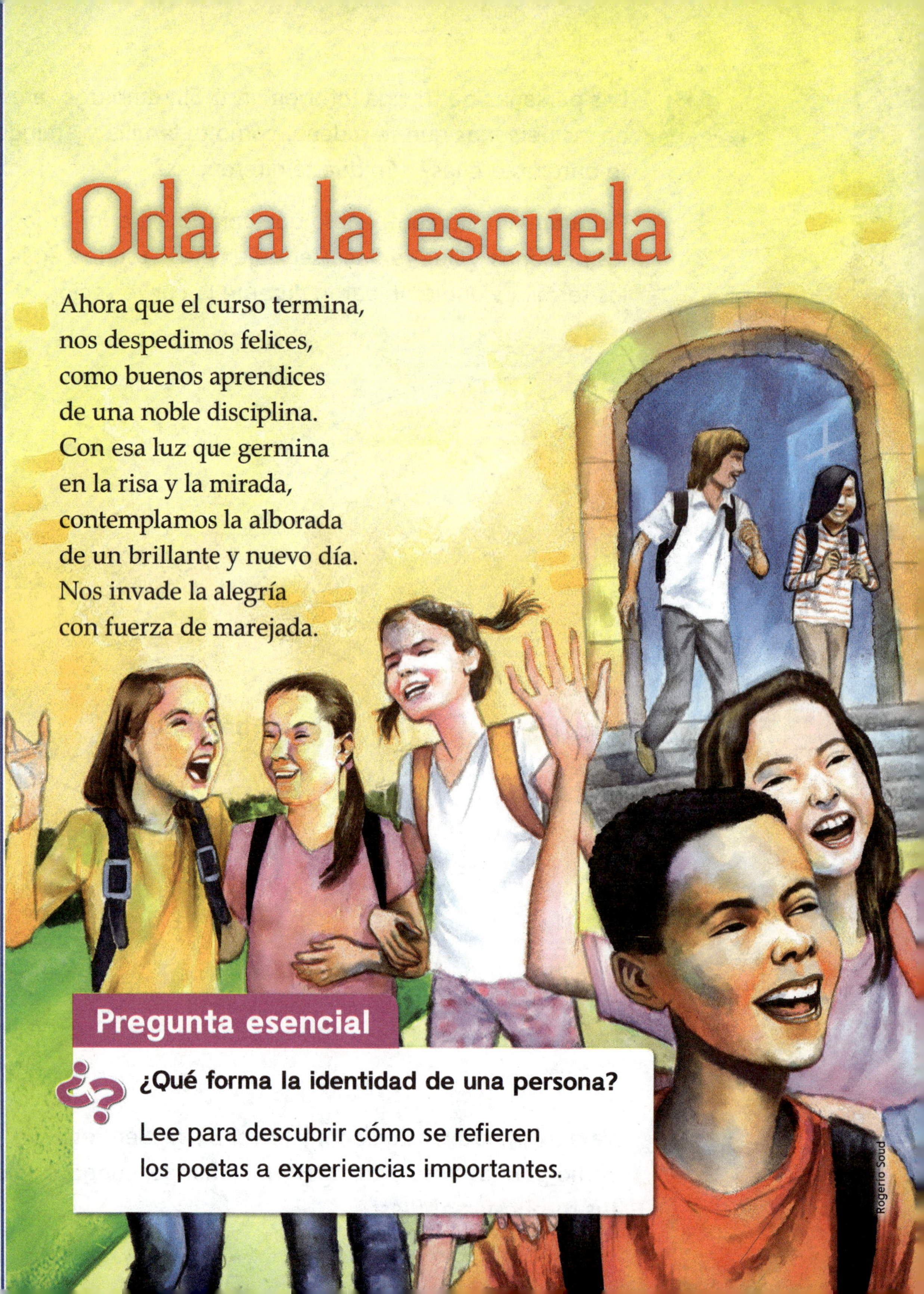

Rogelio Soud

Pregunta esencial

¿Qué forma la identidad de una persona?

Lee para descubrir cómo se refieren los poetas a experiencias importantes.

Aquí aprendimos a ser
amigos y compañeros,
entusiastas y sinceros,
cumplidores del deber.
Disfrutamos al leer
versos breves, largas prosas
de imágenes deliciosas
que nos dejaron secuela.
Ha sido un árbol la escuela
de raíces vigorosas.

Alexis Romay

BUSCAR EVIDENCIAS

Leer

Estrofas 1–2

Verso libre

¿Qué hace que este poema sea de verso libre?

Estrofas 1–2

Imaginería

Encierra en un cuadrado una oración que te permita visualizar el futuro. **Subraya** una imagen que te ayude a visualizar la escuela.

Releer

Técnica del autor

¿Cómo les ayuda el poeta a entender lo que se siente despedirse de la escuela a partir de las descripciones?

LECTURA COMPARTIDA

BUSCAR EVIDENCIAS

Leer

Estrofa 1

Imaginería

Encierra en un círculo las palabras con las que puedes imaginar cómo es la higuera.

Estrofa 1

Personificación

Encierra en un cuadrado la oración en la que se habla de la higuera como si fuera una persona. ¿Por qué le tiene piedad a la higuera la voz poética?

____

____

____

____

____

Releer

Técnica del autor

¿Cómo te ayuda la selección de palabras de la poeta a imaginar la higuera?

La higuera

Porque es áspera y fea,
porque todas sus ramas son grises,
yo le tengo piedad a la higuera.
En mi quinta hay cien árboles bellos,
ciruelos redondos,
limoneros rectos
y naranjos de brotes lustrosos.
En las primaveras
todos ellos se cubren de flores
en torno a la higuera.
Y la pobre parece tan triste
con sus gajos torcidos que nunca
de apretados capullos se visten...

Cuando paso a su lado,
digo haciendo dulce y alegre mi
acento: "Es la higuera el más bello
de los árboles todos del huerto".

Si ella escucha, si comprende
el idioma en que hablo,
¡qué dulzura tan honda hará nido
en su alma sensible de árbol!

Y tal vez, a la noche,
cuando el viento abanique su copa,
embriagada de gozo le cuente:
"¡Hoy a mí me dijeron hermosa!".

Juana de Ibarbourou

Hacer conexiones

Piensa cómo expresan los poetas su identidad en los poemas. ¿Qué ha influido en tu identidad? Comenta con un compañero tu respuesta.

Rogerio Soud

BUSCAR EVIDENCIAS

Leer

Estrofas 3–4

Metáfora

Subraya una metáfora con la que se exprese el efecto que tendrán las palabras de la voz poética si la higuera comprende su idioma. **Encierra en un cuadrado** la metáfora con la que se exprese cómo podría sentirse la higuera en la noche después de escuchar las palabras de la voz poética.

Tema

Estrofa 2

Encierra en un círculo la palabra que expresa lo que piensa la voz poética de la higuera.

Releer

Técnica del autor

¿Cómo te ayuda la poeta por medio del lenguaje figurado a entender la influencia que podría tener la voz poética en la higuera?

Vocabulario

A partir de las oraciones que se dan como ejemplo, comenta con un compañero lo que significa cada palabra. Luego, responde las preguntas.

delicioso

Las frutas frescas que compro todas las mañanas en el mercado son **deliciosas**.

¿Cuál crees que es la fruta más deliciosa?

____

____

individualidad

Sara expresa su **individualidad** usando unas pantuflas muy coloridas.

¿Qué palabras se relacionan con *individualidad*?

____

____

raíz

Me gusta ver fotografías donde pueda identificar mis **raíces** y las de mi familia.

¿Qué has aprendido de tus raíces?

____

____

vigoroso

A pesar de su edad, Álvaro y Sonia se mantienen **vigorosos** y activos.

¿Qué personas conoces en tu escuela que sean muy vigorosas?

____

____

Términos de poesía

imaginería

La **imaginería** es el uso de palabras para crear una imagen en la mente del lector.

¿Cómo ayuda el uso de detalles sensoriales a crear imaginería?

____

____

metáfora

En la **metáfora** se comparan dos cosas diferentes sin utilizar las palabras *como* o *cual*.

Emplea una metáfora para describir una biblioteca escolar.

____

____

personificación

La **personificación** es cuando se dan características humanas a algo que no es humano.

¿Cuál sería un ejemplo de personificación?

___

___

verso libre

Los poemas en **verso libre** no tienen un patrón de métrica ni un esquema de rima consistentes.

¿Por qué decidiría un poeta escribir en verso libre?

___

___

Tu lista de palabras
Vuelve a leer la estrofa de la página 158. Encierra en un círculo la palabra *piedad*. En tu cuaderno de escritura, anota sinónimos en una red de palabras. Utiliza un diccionario impreso o en línea para encontrar más palabras relacionadas.

Lenguaje figurado

Una **metáfora** es una comparación de dos cosas diferentes sin utilizar las palabras *como* o *cual*.

BUSCAR EVIDENCIAS

Para encontrar una metáfora, tengo que buscar dos cosas distintas que están siendo comparadas. En el poema "La Higuera", la voz poética compara un nido con el lugar que ocupará la dulzura en el alma del árbol.

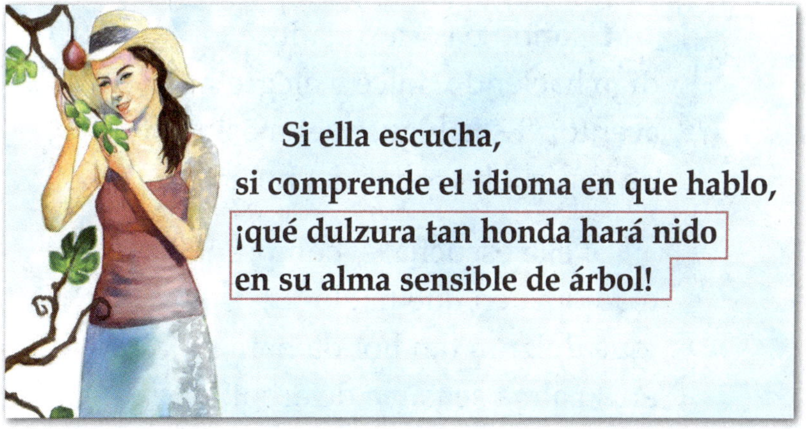

Tu turno Lee el poema "Oda a la escuela" en la página 157. ¿Cuál es la metáfora principal del poema?

___

___

___

Rogerio Soud

Releer | LECTURA COMPARTIDA

Imaginería y personificación

La **imaginería** es el uso de lenguaje específico para crear una imagen en la mente del lector. La **personificación** le da cualidades humanas a algo que no es humano, como un animal, un objeto o una idea.

Acuérdate

Para entender el significado del poema, léele en voz alta todas las estrofas a un compañero. Pídele que te cuente qué sucede en cada una. Luego, cambien de rol.

BUSCAR EVIDENCIAS

Puedo encontrar ejemplos de imaginería y personificación cuando vuelvo a leer "La higuera" en la página 159.

Página 159

Cuando paso a su lado,
digo haciendo dulce y alegre mi
acento: "Es la higuera el más bello
de los árboles todos del huerto".

Si ella escucha, si comprende
el idioma en que hablo,
¡qué dulzura tan honda hará nido
en su alma sensible de árbol!

Personificación

Los versos *"Si ella escucha, si comprende el idioma en que hablo"* son un ejemplo de personificación.

Imaginería

El verso *"qué dulzura tan honda hará nido"* es un ejemplo de imaginería.

Tu turno Trabaja con un compañero para buscar un ejemplo de imaginería en el poema "La higuera".

____

____

Verso libre

En los poemas en **verso libre** no se siguen las reglas usuales de la poesía. El verso libre:

- no tiene un esquema de rima ni un patrón de métrica;
- puede tener versos irregulares.

BUSCAR EVIDENCIAS

Puedo saber que "La higuera" es un poema en verso libre porque no tiene un patrón de rima ni de métrica.

Página 158

La higuera

Porque es áspera y fea,
porque todas sus ramas son grises,
yo le tengo piedad a la higuera.
En mi quinta hay cien árboles bellos,
ciruelos redondos,
limoneros rectos
y naranjos de brotes lustrosos.
En las primaveras
todos ellos se cubren de flores
en torno a la higuera.
Y la pobre parece tan triste
con sus gajos torcidos que nunca
de apretados capullos se visten...

Los versos del poema "La higuera" no tienen un esquema de rima ni de métrica. Los versos no tienen la misma extensión.

COLABORA

Tu turno Con un compañero, vuelve a leer el poema "Oda a la escuela" en la página 157. ¿Es un poema en verso libre?

____

____

____

De lectores a escritores

Cuando los poetas escriben en verso libre, piensan en cómo se ve el poema en la página y en cómo sonará al leerse en voz alta. Cuando escribas un poema en verso libre, piensa en cómo quieres que se vea tu poema y escríbelo con esa forma.

Tema

El **tema** es el mensaje o la lección principal que deja el poema. Puedes identificar el tema de un poema a partir de los detalles clave.

BUSCAR EVIDENCIAS

En todos los poemas de esta lección se habla de la identidad, pero cada poema tiene un tema diferente. Volveré a leer "Oda a la escuela" en la página 157, y buscaré detalles clave para determinar el tema del poema.

Detalle

Ahora que el curso termina, nos despedimos felices.

↓

Detalle

Aquí aprendimos a ser amigos y compañeros.

↓

Detalle

Disfrutamos al leer / versos breves.../ que nos dejaron secuela.

↓

Tema

Lo que se aprende en el colegio es importante para forjar la identidad.

Acuérdate

El tema es la lección que deja un poema. Un tema se expresa en una o varias oraciones, no solo en una palabra. Algunos ejemplos de temas son:

- *La verdad los hará libres.*
- *Los verdaderos amigos se apoyan mutuamente.*

Tu turno Lee "La higuera" en la página 159. Trabaja con un compañero para buscar detalles clave y escríbelos en el organizador gráfico de la página 165. Determina el tema del poema a partir de estos detalles.

Rogerio Soud

Detalle

Detalle

Detalle

Tema

Releer | LECTURA COMPARTIDA

Responder a la lectura

COLABORA

Responde por escrito la pregunta de abajo. Piensa en cómo emplean la imaginería los poetas para expresar los pensamientos de la voz poética. Consulta tus notas y el organizador gráfico.

¿Cómo emplean la imaginería los poetas para mostrar que las experiencias influyen en la identidad de una persona?

____

____

____

____

____

____

____

____

____

____

____

____

____

____

Acuérdate

Completa estas oraciones para comentar el texto y explicar tu respuesta.

- *El poeta describe la experiencia de...*
- *El poeta emplea lenguaje sensorial en imágenes como...*
- *Con la imaginería se expresa...*

Enlace gramatical

Al escribir tu respuesta, utiliza preposiciones para relacionar palabras entre sí. Por ejemplo, un lápiz puede estar *sobre* el escritorio. La preposición sirve para mostrar la relación entre el lápiz y el escritorio. Puedes emplear las preposiciones para describir las imágenes del poema: *La dulzura entrará en el alma sensible del árbol.* En este caso, la preposición indica la relación entre el sentimiento y el árbol.

Integrar | BÚSQUEDA E INVESTIGACIÓN

CIENCIAS

Hacer una entrevista

Al **entrevistar** a alguien, hazle preguntas de un tema específico. Por ejemplo, puedes hacerle preguntas de su profesión a un adulto. También puedes entrevistar a un familiar o un amigo. Al entrevistar a un familiar o un amigo, no tienes que ser tan formal como cuando entrevistas a alguien que no conoces. Estas son algunas recomendaciones para hacer una entrevista:

- escribe una lista de las preguntas que quieres hacer;
- lleva un dispositivo para grabar la entrevista;
- toma notas mientras escuchas al entrevistado.

¿A quién te gustaría entrevistar? ¿Qué temas te gustaría conversar con esta persona? Escribe tu respuesta abajo.

____

____

tecnoNOTAS

Puedes utilizar una computadora portátil, una tableta o un celular como dispositivo de grabación. Recuerda probar tu dispositivo antes, así sabrás dónde ubicarlo para que se escuche bien la grabación. No olvides pedirle permiso a tu entrevistado antes de comenzar a grabar.

COLABORA

Crea un *podcast* Con un compañero, comenta las características de los miembros de tu familia. Incluye aquellas características heredadas, o que comparten los miembros de tu familia, como el color de ojos o de pelo. También comenta aquellas características aprendidas, como la habilidad para un deporte o la destreza para escribir. Luego, elige a un miembro de tu familia para hacerle preguntas sobre estas características.

Con tu compañero, haz una lista de preguntas formales que puedes hacer. Lleva un dispositivo de grabación para que puedas tener un registro de los fragmentos que utilizarás en tu *podcast*.

Antología de literatura, páginas 504-505

La cuna

¿Cómo se relaciona el título del poema "La cuna" con el personaje principal?

COLABORA

Coméntalo Vuelve a leer las páginas 504 y 505 de la **Antología de literatura.** Comenta con un compañero cuál es el personaje principal y el tema del poema.

Cita evidencias ¿A partir de qué evidencias puedes entender lo que piensa la voz poética del cedro? Completa el organizador gráfico.

Evidencias	Opinión del personaje

Escribe El título del poema "La cuna" se relaciona con el personaje principal a partir de ____

Hacer inferencias

La voz poética dice: "¡Toda mi raza dormirá en tus brazos!". ¿Qué crees que piensa la voz poética del cedro?

Acuérdate

Al volver a leer, puedo pensar en cómo describe la voz poética al cedro. Busco palabras específicas con las que puedo visualizar al cedro.

Bonita lección

¿Cómo emplea los diálogos el poeta para ayudarte a entender la lección del poema?

COLABORA

Coméntalo Con un compañero, vuelve a leer "Bonita lección" en la página 506 de la **Antología de literatura.** Comenta por qué el padre de Rosa le habla de una celda muy bella que hay en la cárcel.

Cita evidencias Explica por qué los diálogos del poema sirven para entender la lección que el padre quiere darle a su hija Rosa. Escribe las evidencias del texto en la red.

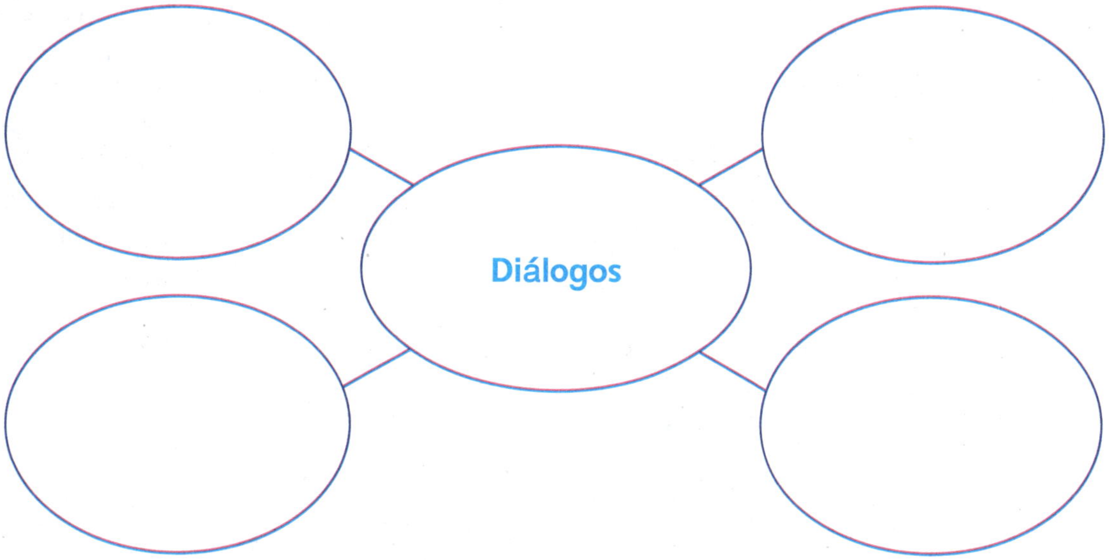

Escribe A partir de los diálogos del poema entiendo que

____

____

Acuérdate

Al volver a leer, busco los diálogos que emplea el poeta. Luego, pienso en cómo puedo entender, a partir de ellos, la relación entre Rosa y su padre.

Sintetizar información

Piensa en los poemas "La cuna" y "Bonita lección". ¿Qué tienen en común? ¿Cómo se siente la voz poética con respecto al cedro? ¿Cómo se siente Rosa después de aprender la lección?

Responder a la lectura

COLABORA

Responde por escrito la pregunta de abajo. Al responder, ten en cuenta tus conocimientos de la familia y las tradiciones. Consulta tus notas y el organizador gráfico.

Piensa en el recurso empleado en los poemas de no mencionar literalmente ideas e imágenes clave. ¿Cómo logran los poetas transmitir estas imágenes e ideas a partir de la organización y estructura de sus poemas?

Acuérdate

Completa estas oraciones para organizar las evidencias del texto.

- *Puedo inferir que el tema del poema es...*
- *La voz poética expresa...*
- *Los diálogos me ayudan a entender que...*

Mis lecturas

Elige otro poema y anota en tu cuaderno de escritura el título, el autor y el género del poema. Asegúrate de incluir tu respuesta personal al poema.

Releer **LECTURA COMPLEMENTARIA**

Nuestro idioma

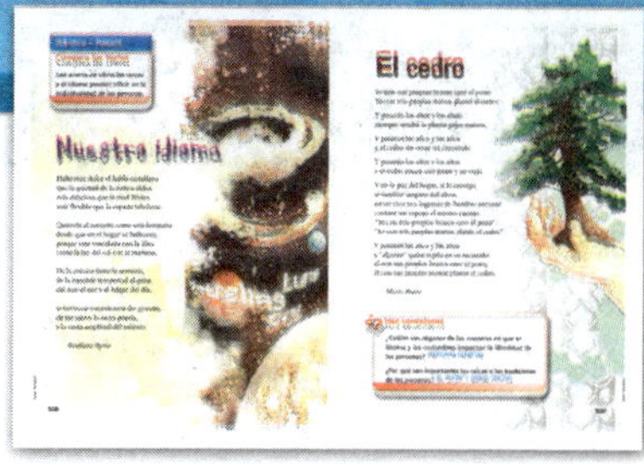

Antología de literatura: páginas 508–509

¿Cómo emplea el poeta palabras y frases para ayudarte a entender el mensaje del poema?

COLABORA

Coméntalo Vuelve a leer "Nuestro idioma" en la página 508 de la **Antología de literatura.** Comenta con un compañero el tema del poema.

Cita evidencias ¿Con qué evidencias puedes comprender el tema del poema? Completa el organizador gráfico.

Evidencias del texto	Mensaje del poema

Escribe Entiendo el mensaje del poema porque el poeta emplea palabras y frases ______________________________

____

____

Acuérdate

Al volver a leer, me pregunto: *¿qué está tratando de enseñarme de la lengua castellana el poeta? ¿Cómo influye un idioma en las personas?*

Javier Termenon

El cedro

¿Cómo puedes entender el mensaje que expresa la voz poética a partir de las repeticiones que emplea el poeta?

COLABORA

Coméntalo Vuelve a leer "El cedro" en la página 511. Comenta con un compañero lo que visualizas al leer las repeticiones que hace el poeta.

Cita evidencias ¿Qué repeticiones hace el poeta? ¿Por qué lo hace? Escribe las evidencias del texto en el organizador gráfico.

Repetición 1	Repetición 2	Repetición 3

Conclusión

Escribe El poeta emplea la repetición para poner énfasis en

____

____

Acuérdate

Al volver a leer, presta atención a la forma como el poeta emplea la repetición. Observa cómo organiza las oraciones que repite a lo largo del poema. Esto te permite imaginar constantemente a la voz poética cavando el pozo y plantando el cedro. Luego, puedes imaginar el cedro creciendo mientras la voz poética envejece. La reiteración de esta relación ayuda a entender el mensaje del poema.

Javier Termenon

Voz

Lee en voz alta el poema "Nuestro idioma" en la página 508 de la **Antología de literatura** y escucha la **voz** del poeta. La voz es la expresión del sentimiento del escritor con respecto a un tema, y es la que le da un carácter específico a un personaje. El escritor elige el lenguaje para mostrar los pensamientos y sentimientos de los personajes.

BUSCAR EVIDENCIAS

En el poema, la voz habla de la lengua castellana. El poeta utiliza el lenguaje para darle a la voz un carácter distintivo con el que expresa detalladamente cómo influye este idioma en su identidad.

> Quiérela el corazón como una hermana
> desde que en el hogar se balbucea,
> porque está vinculada con la idea
> como la luz del sol con la mañana.

COLABORA

Tu turno Vuelve a leer el poema "El cedro".

- ¿Qué sentimiento expresa la voz al principio del poema? ____________

____

____

- ¿Qué sentimiento expresa la voz al final del poema? ____________

____

De lectores a escritores

Al escribir un poema, piensa qué sentimientos quieres expresar. ¿Qué voz quieres que tenga tu poema? Utiliza lenguaje figurado para crear imágenes en la mente del lector. Recuerda que las palabras y frases sensoriales son aquellas que apelan a tus cinco sentidos (vista, olfato, oído, gusto y tacto).

Conexiones del texto

¿Cómo te ayuda Henry Wadsworth Longfellow a visualizar lo que forma la identidad de Hiawatha? ¿Es similar su uso de la imaginería al de los otros poemas de esta semana? ¿En qué se parece el tema del *Blast* a los temas de estos poemas?

COLABORA

Coméntalo Lee "La infancia de Hiawatha". Comenta con un compañero las acciones de Hiawatha.

Cita evidencias **Subraya** las palabras y frases que indican las acciones de Hiawatha. **Encierra en un círculo** la oración con la que puedes saber lo que sentía por los animales.

Escribe La imaginería que emplea Henry Wadsworth Longfellow es ______________________________

____

____

____

____

____

____

____

Acuérdate

Busca frases que indiquen qué era importante para Hiawatha. Luego, compara este poema con los poemas de esta semana. ¿Cuáles son las acciones de Hiawatha? ¿Cómo se relacionan con su identidad? ¿Qué forja la identidad de los personajes en los otros poemas?

La infancia de Hiawatha

De todas las bestias se aprendió el lenguaje,
aprendió sus nombres y todos sus secretos,
cómo los castores construían
sus madrigueras,
en dónde las ardillas escondían sus bellotas,
cómo el reno corría tan velozmente,
por qué el conejo era tan tímido,
les hablaba cuando se los encontraba,
los llamaba "los hermanos de Hiawatha".

—Henry Wadsworth Longfellow

Design Pics/Jason Witherspoon

Precisión y fraseo

Al leer poemas en verso libre, la **precisión** es importante. Busca la pronunciación de las palabras desconocidas y practícalas hasta que puedas leer el poema con precisión. Recuerda no omitir ninguna palabra.

Como el verso libre no sigue las mismas reglas que otras formas de poesía, el **fraseo** (grupos de palabras que hacen que un poema suene natural e interesante) también es importante. No tienes que hacer pausas al final de cada verso. Algunos versos están escritos para ser leídos juntos. Haz pausas en las comas y puntos, no al final de cada verso.

Página 158

En las primaveras
todos ellos se cubren de flores
en torno a la higuera.
Y la pobre parece tan triste
con sus gajos torcidos que nunca
de apretados capullos se visten.

Haz una pausa más larga al llegar al punto.

No debes hacer pausas al final de un verso si no hay un signo de puntuación.

COLABORA

Tu turno Vuelve a la página 158. Practica la lectura de palabras difíciles con un compañero. Encierra en un círculo los signos de puntuación para que recuerdes hacer una pausa breve en cada uno. Luego, túrnate con tu compañero para leer en voz alta "Oda a la escuela".

Al finalizar, piensa en cómo lo hiciste. Completa estas oraciones.

Recordé ______________________________

La próxima vez ______________________________

Acuérdate

Antes de leer un poema en voz alta, repasa la pronunciación de las palabras desconocidas. Busca la pronunciación de esas palabras en un diccionario o escucha su pronunciación y composición silábica en un diccionario en línea. Pronuncia las palabras y lee cada sílaba en voz alta y con claridad. Luego, tómate tu tiempo para leer el poema en voz alta. Recuerda hacer pausas en los signos de puntuación.

ESCRITURA

Texto modelo

Antología de literatura, páginas 504-507

Características de la poesía en verso libre

El verso libre es una forma de poesía que no sigue las reglas de ritmo, métrica, ni rima. El poeta elige palabras para crear imágenes que un lector puede visualizar. Un poema en verso libre:

- puede tener otros elementos literarios de poemas, así como palabras precisas o sensoriales;
- puede tener lenguaje figurado como metáforas y símiles;
- puede incluir aliteración, es decir, repetición de sonidos al comienzo de las palabras.

gramatiNOTAS

En la página 504, el poeta utiliza palabras para crear imágenes, como "tan alto y tan erguido, tan fuerte contra el cierzo y la borrasca". Esto hace que los lectores tengan una conexión más profunda con la experiencia del poema.

Analiza el texto modelo Estudiar poemas en verso libre te ayudará a aprender a escribir un poema en verso libre. **Vuelve a leer** "La cuna" en la página 504 de la **Antología de literatura.** Escribe tus respuestas abajo.

¿Cómo sabes que "La cuna" es un poema en verso libre? ______

______

______

¿Cómo emplea el poeta palabras precisas y sensoriales para hacer que el lector visualice imágenes del poema? ______

______

______

Javier Termenon

Planificar: elige un tema

COLABORA

Escritura libre Piensa en una persona importante para ti. En las líneas de abajo, escribe rápidamente lo que piensas de esa persona y por qué es importante para ti.

____

____

____

Instrucción de escritura Escribe un poema en verso libre de la persona importante en quien pensaste.

Escribiré de ______________ porque ______________________.

Propósito y público El **propósito de un autor** es su razón principal para escribir un texto. Mira los tres propósitos de escritura que se muestran abajo. Subraya tu propósito para escribir un poema en verso libre.

informar o enseñar   persuadir o convencer   entretener

Piensa en el **público** de tu poema. ¿Quién lo leerá?

Mi público será ______________________________________

Emplearé el lenguaje ______________ cuando escriba mi poema.

Planifica En tu cuaderno de escritura, haz una red de ideas para determinar los detalles de la persona que elegiste como tema de tu poema. Completa la red con las características de la persona.

Acuérdate

Para describir a la persona que elegiste, piensa por qué es especial para ti. Hazte las siguientes preguntas:

- *¿Cómo es físicamente esa persona?*
- *¿Cómo muestra esa persona su identidad?*
- *¿Qué actividades han hecho juntos?*
- *¿Qué buen recuerdo tienes de esa persona?*

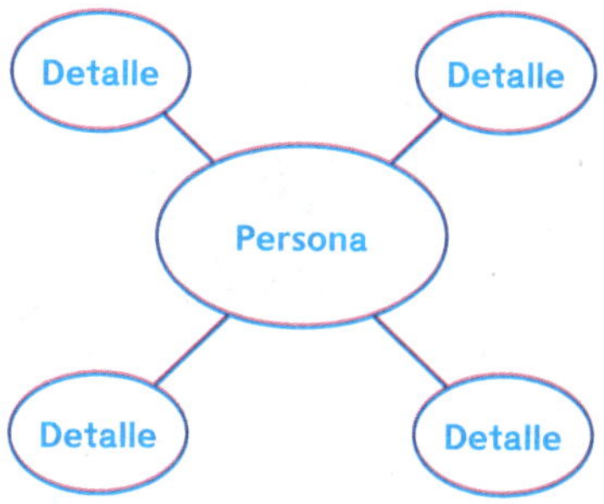

Planificar: metáfora y símil

Lenguaje figurado Los poetas utilizan el lenguaje figurado para crear imágenes en el poema al comparar cosas de manera interesante. Un **símil** es una figura retórica con la que se comparan dos cosas utilizando las palabras *como* o *cual*. Por ejemplo, "el nuevo césped es como una alfombra que le hace cosquillas a los pies". Al emplear un símil para comparar el césped con una alfombra que le hace cosquillas a los pies, el poeta crea una imagen sensorial interesante para el lector.

Algunas comparaciones no se crean a partir del uso de las palabras *como* y *cual*. Estas se denominan **metáforas.** Por ejemplo, "su corazón era de piedra". Comparar el corazón de una persona con una piedra crea la imagen de una persona malvada e insolente.

Piensa en la persona que será el tema de tu poema.

Escribe dos símiles y dos metáforas de esa persona. Puedes comparar las características físicas de esa persona y sus acciones con diferentes cosas.

Símil ____

Símil ____

Metáfora ____

Metáfora ____

Toma notas Una vez definas el lenguaje figurado que vas a utilizar, agrega más detalles a tu organizador gráfico. No tienes que escribir una comparación completa. Anota palabras clave que te sirvan para cuando estés listo para escribir.

Hacer un borrador

Aliteración La aliteración es una herramienta que emplean los poetas para hacer el lenguaje más atractivo. La aliteración consiste en la repetición de sonidos en un verso, por ejemplo, cuando el poeta utiliza palabras que comienzan con la misma consonante o raíz. Lee las siguientes oraciones en voz alta y verás cuán divertida puede ser la aliteración.

> Triunfa el verano sobre la primavera.
> Triunfal es el refugio de las sombras escondidas del calor.
> Triunfales los amaneceres que susurran a la noche: "se acabó".

Ahora es tu turno. Utiliza los versos de arriba como modelo para escribir dos o tres versos de tu poema en verso libre de una persona importante para ti. Intenta incluir una aliteración en cada verso.

Haz un borrador Consulta tu red de ideas y tus notas para escribir un borrador de tu poema en verso libre en tu cuaderno de escritura. Recuerda ayudar a los lectores a visualizar a la persona importante para ti. Imagina cómo puedes expresar con exactitud cómo es pasar tiempo con esa persona. No olvides incluir símiles, metáforas y aliteración en tu poema.

Enlace gramatical

Recuerda emplear correctamente las preposiciones para agregar detalles a tu poema. Por ejemplo, *en, entre* y *sobre* te permiten señalar la ubicación de una persona u objeto.

Jaime está en México. (Se encuentra en el país).

Puse la manzana sobre la mesa. (La manzana está encima de la mesa).

Entre la farmacia y el cine está el almacén de ropa. (Está ubicado en medio de ambos lugares).

Revisar

Palabras precisas Los poetas utilizan palabras precisas para que los lectores puedan imaginar el tema con claridad. Lee las oraciones de abajo. Luego, cambia o agrega una o más palabras en cada oración para hacerla más precisa. Un diccionario de sinónimos te puede ayudar a encontrar la palabra que necesitas.

Qué día en la playa.
Una niña estaba jugando en la arena.
Un niño estaba volando una cometa,
y el viento la sopló.
Sumergí mis pies en el agua.
Fue un buen día.

Acuérdate

Al revisar tu borrador, es posible que necesites agregar más palabras precisas o sensoriales. Intenta añadir aliteración y lenguaje figurado.

Revisión Revisa tu borrador y comprueba que empleaste palabras y frases precisas para describir a la persona de tu poema. Asegúrate de que tu poema tenga aliteración, metáforas y símiles para que el lenguaje sea descriptivo y atractivo.

Image Source/Getty Images

Charlas entre compañeros

COLABORA

Revisión del borrador Escucha con atención mientras tu compañero lee su trabajo en voz alta. Comenta lo que te gustó. Haz preguntas que ayuden a tu compañero a reflexionar sobre lo que escribió. Haz sugerencias para mejorar el texto. Usa estas oraciones como guía para la charla:

Me gustó como describiste la apariencia y los sonidos porque...

Otro detalle de esa persona que podrías agregar es...

¿Podrías agregar algunas palabras para hablar más de...?

No entiendo esta metáfora. ¿Me puedes explicar...?

Sugerencias de compañeros Cuando tu compañero haya comentado tu borrador, escribe una de las sugerencias que aplicarás. Consulta las pautas de evaluación de la página 183 a medida que haces tus sugerencias.

A partir de las sugerencias de mi compañero, ______________________

____

Luego de la charla entre compañeros, reflexionen. ¿Resultó útil el intercambio? ¿Qué podrían hacer de otro modo la próxima vez?

Revisión Al revisar tu borrador, consulta las sugerencias de comprobar la revisión para determinar qué partes del texto debes mejorar. Consulta las pautas de evaluación de la página 183.

Comprobar la revisión

- ☐ ¿Mi poema da al lector una buena idea de la persona que estoy describiendo?
- ☐ ¿Incluí aliteraciones?
- ☐ ¿Utilicé metáforas y símiles para que los lectores imaginen a la persona?
- ☐ ¿Podría ser más preciso mi lenguaje?

Corregir

Al **corregir** tu texto, tienes que buscar errores de ortografía, puntuación, uso de mayúsculas y otros aspectos gramaticales. Si lees el borrador varias veces, te asegurarás de no pasar por alto ningún error. Fíjate en las sugerencias de comprobar la corrección.

Comprobar la corrección

- ☐ ¿Hay espacio entre las estrofas?
- ☐ ¿Hay concordancia entre los sustantivos y los verbos?
- ☐ ¿Se utilizan correctamente las preposiciones?
- ☐ ¿Se utilizan correctamente los signos de puntuación?
- ☐ ¿Están todas las palabras escritas correctamente?

Escribe dos errores que hayas encontrado al corregir tu texto.

1. ______________________________

____

2. ______________________________

____

tecnoNOTAS

Los diccionarios de sinónimos son herramientas útiles para encontrar palabras precisas. Sin embargo, siempre debes revisar dos veces para asegurarte de que las palabras tienen sentido en tu poema. Muchos de los diccionarios de sinónimos en línea tienen vínculo a un diccionario. Consulta el significado de las palabras antes de incluirlas en tu poema.

Enlace gramatical

Al redactar tu respuesta, asegúrate de utilizar los adjetivos posesivos correctamente.

Los adjetivos posesivos son: *mi(s), tu(s), su(s), nuestro(s) y nuestra(s).*

Por ejemplo, puedes decir: *Mi perro se llama Mateo. Estos son sus juguetes.*

Publicar, presentar y evaluar

Publicación Mientras escribes tu borrador final, asegúrate de escribirlo en cursiva de forma legible. Comprueba que agarras el lápiz correctamente entre el dedo índice y el pulgar. Esto te servirá para **publicar** una copia final limpia, clara y sin errores.

Presentación Cuando estés listo para **presentar** tu trabajo, ensaya tu presentación. Como guía, lee las pautas de comprobar la presentación.

Evaluación Después de publicar tu texto, lee las pautas de evaluación que se muestran abajo para **evaluar** tu texto.

¿Qué aspectos son satisfactorios? ____________________

¿Qué partes requieren más trabajo? ____________________

Comprobar la presentación

- ☐ Párate o siéntate erguido.
- ☐ Habla con claridad y expresión.
- ☐ Asegúrate de que tu ritmo de lectura sea acorde con los sentimientos que estás describiendo.
- ☐ Gesticula al leer lenguaje figurado.

4	3	2	1
• El lenguaje figurado es efectivo y se utiliza para crear una imagen clara del tema del poema. • Los detalles del tema son abundantes. • Las formas de aliteración son variadas. • Los errores de ortografía y puntuación son mínimos.	• El lenguaje figurado ayuda a crear una imagen del tema del poema. • El poema tiene algunos detalles del tema. • El poema tiene algunas aliteraciones. • El poema tiene algunos errores de ortografía y puntuación.	• El lenguaje figurado es limitado y no ayuda a crear una imagen del tema del poema. • El poema tiene pocos detalles del tema. • El poema tiene pocas aliteraciones. • Los errores son frecuentes y pueden confundir al lector.	• El poema no tiene lenguaje figurado. • El poema tiene muy pocos detalles del tema. • El poema no tiene aliteraciones. • Los errores son muy frecuentes y dificultan la comprensión del poema.

Repaso en espiral

En la Unidad 6 has estudiado destrezas y estrategias que te permitirán convertirte en un lector más crítico. Ahora es momento de poner en práctica lo que aprendiste.

- **Diálogo**
- **Imaginería**
- **Prefijos griegos**
- **Hacer inferencias**
- **Idea principal y detalles clave**
- **Notas al margen**
- **Tema**

Conectar con el contenido

- **Escribir un texto de ficción histórica**
- **Leer en línea**

Lee la selección y elige la respuesta correcta a cada pregunta.

Energías renovables y no renovables

1 Los pastizales de las planicies ondean al ritmo de la naturaleza. Se mueven de un lado para otro, como si alguien cantara una canción solo para ellos. Cuando el viento se levanta, se puede oír un constante murmullo. Los aerogeneradores marcan el compás de esta melodía. La naturaleza y las máquinas conjuntamente producen una vigorosa sinfonía de sonido y energía.

2 Durante años, los recursos naturales han sido una fuente de energía. Algunos de estos recursos se renuevan en poco tiempo. Otros son no renovables, es decir, no se renuevan rápidamente.

Petróleo

3 ¿Has visto a alguien llenar el tanque de gasolina de su auto? Los derivados del petróleo, como la gasolina, están hechos de crudo, un recurso no renovable. El crudo es producto de la transformación de la materia orgánica de los animales y las plantas que vivieron hace millones de años, y se encuentra depositado en pozos debajo del suelo y entre las rocas. Después de extraerlo, el crudo se envía a una refinería para producir petróleo. Las personas necesitan este recurso para darle energía a sus vehículos, calentar sus hogares y producir suministros médicos y plástico.

Consumo de energía en EE. UU. por fuente de energía, en 2015

Total = 97.7 cuatrillones de BTU (unidad de energía inglesa)

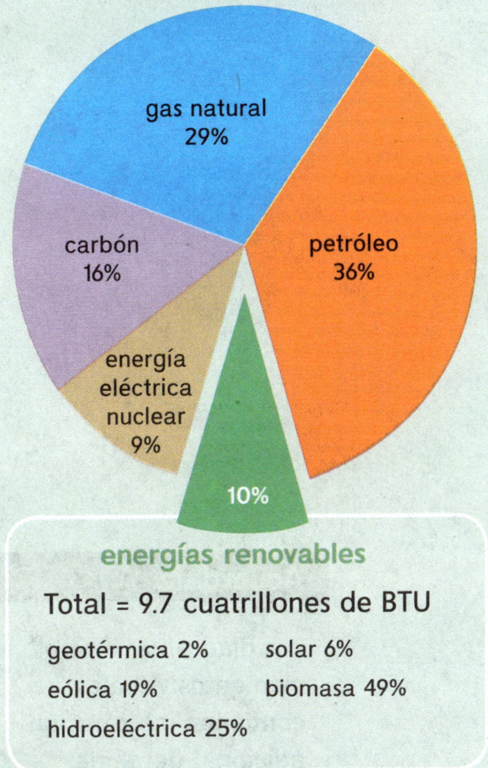

Los estadounidenses utilizan varios recursos energéticos. Aunque Estados Unidos se comprometió a buscar más recursos renovables, la mayor parte de la energía proviene de recursos no renovables. Si este gráfico circular se hiciera en 2035, ¿sería diferente?

Fuente: U.S. Energy Information Administration, Monthly Energy Review, Table 1.3 and 10.1 (April 2016), preliminary data

Gas natural

4 Al igual que el petróleo, el gas natural se encuentra bajo la superficie y se formó hace millones de años. Es la segunda fuente de energía más popular en Estados Unidos. Se encuentra en rocas de grano fino y en las grietas entre las rocas. Para obtenerlo, se perfora el suelo, se separa y se transporta en tuberías. Algunos expertos creen que los depósitos de gas natural en Estados Unidos se agotarán en 93 años.

Energía hidroeléctrica

5 La energía hidroeléctrica es una de las fuentes de energía renovables más usadas en Estados Unidos. El volumen, o la cantidad de agua que fluye hacia los arroyos y los ríos determina cuánta electricidad se produce. La tasa de flujo de agua también determina cuánta electricidad se produce. Un flujo constante de agua produce más energía que un flujo lento de agua.

Energía eólica

6 Las aspas de un aerogenerador giran rápidamente cuando el viento las empuja. Están unidas a un poste alto y a un generador de energía. En 2016, más del 5% de la electricidad de Estados Unidos fue eólica, lo suficiente para alimentar 17.5 millones de hogares. La mitad de la energía eólica del país se produce en Texas, Iowa, Kansas, Oklahoma y California.

Recursos energéticos y conservación

7 Necesitamos energía, pero podemos ahorrarla para que no se acabe. Intenta ahorrar en casa. Camina o anda en bicicleta en vez de ir en auto. Apaga la luz cuando salgas de una habitación.

LO QUE APRENDISTE

1. El prefijo griego *hidro-* significa "agua". Esta información le permite al lector saber que la palabra hidroeléctrica significa

   A energía producida por agua.

   B energía necesaria para mover agua.

   C agua con baja tasa de flujo.

   D agua producida por energía.

2. ¿Cuál es el propósito de la nota al margen en la página 185?

   F mostrar cuánto gas natural se produce en EE. UU.

   G explicar los recursos renovables y los no renovables

   H mostrar los recursos que se consumen en EE. UU.

   J explicar cómo se genera energía hidroeléctrica en EE. UU.

3. El detalle que sustenta la idea principal de que las personas deben ahorrar recursos no renovables es:

   A Las personas utilizan estos recursos para poder mover sus autos.

   B El gas natural es la segunda fuente de energía más popular.

   C En 2016, más del 5% de la energía eléctrica del país era eólica.

   D Algunos expertos creen que los depósitos de gas natural en Estados Unidos se agotarán en 93 años.

4. ¿Qué puedes inferir a partir del artículo?

   F Los científicos están investigando varias fuentes de energía.

   G Los científicos no saben qué fuentes de energía están disponibles.

   H Los científicos dejaron de descubrir nuevas fuentes de energía.

   J Los científicos creen que la energía no renovable es mejor.

Acuérdate

Los diagramas y otros elementos visuales contienen información adicional del tema. Al leer un texto, da un vistazo a los elementos visuales y a la información de las notas al margen para comprender mejor el tema.

Lee la selección y elige la respuesta correcta a cada pregunta.

¿Ganar para qué?

1 —El juego está muy reñido —dice Juana, como si fuera la narradora de la final de un juego de béisbol muy importante—. Estamos en el último set y Roberto Clemente toma el bate.

2 Los niños están concentrados en este último set. Nadie duda de que se trata de la gran final. Están empatados; si en el turno de Roberto se hace al menos una carrera, su equipo gana.

3 En las gradas, algunos niños corean "Ro-ber-toooo Cle-men-teeeeee". Claro está que solo gritan quienes quieren que su equipo gane; quienes tienen sus esperanzas puestas en el equipo contrincante están callados deseando que el gran Roberto no batee ni una sola bola.

4 —Roberto Clemente es el bateador de la temporada —continúa Juana—, y está próximo a alcanzar sus 3,000 hits. La historia del béisbol podría cambiar hoy mismo.

5 —Así es, Juana —comenta Matías, otro de los comentaristas—. Es el mejor jugador de béisbol de todos los tiempos y se espera que entre al Salón de la Fama por su récord en el bate.

6 —Niños y niñas —continúa Juana—, esto es muy emocionante. Parece que estamos ante un set histórico entre los Piratas de Pittsburgh, el equipo de Roberto, y los New York Yankees.

7 —Vamos, Roberto —se escucha una voz desde la banca; es Andrés, su mejor amigo.

8 Todos los niños están en sus posiciones. Lanzan la bola y ¡pum!

9 Los niños miran en silencio dónde se dirige la bola. Roberto corre como si un perro lo estuviera persiguiendo.

LO QUE APRENDISTE

10 —Es un buen golpe, pero no es suficiente para hacer carrera —dice Juana con un papel enrollado en la mano como micrófono—. Roberto se resguarda en tercera.

11 Es el turno de Andrés. Si logra batear, el equipo de Roberto hará la carrera que le falta y ganará el juego. Los niños solo tienen ojos para ver qué pasa en el diamante. Parece como si el mundo se hubiera detenido y solo importara lo que hará Andrés con el bate y lo que pasará con Roberto en tercera.

12 El lanzador lanza la pelota con mucha fuerza. Andrés logra golpearla y la pelota sale disparada.

13 —Ay —grita Juana, quien ya olvidó la formalidad de la narración—. No es jonrón. Andrés y Roberto tienen que correr lo mejor que puedan. Todos querrán detener a Roberto para que no complete la carrera.

14 Cerca de completar el diamante, Roberto escuchó un grito.

15 —Andrés se ha caído —narra Matías.

16 Roberto se desvía de su camino. Está a un par de pasos de ganar. Los jugadores buscan la forma de que hagan *out*.

17 Los padres se apresuran a ver qué le ha pasado a Andrés. Pero antes de que lleguen, Roberto ya está a su lado.

18 —Hemos perdido el juego —dice Andrés a Roberto con bastante preocupación.

19 —No importa, Andy; habrá más juegos después —dice Roberto—. ¿Estás bien?

20 Andrés asiente haciendo un gesto de dolor. Se ha doblado el tobillo.

21 —Que estés bien vale más que ganar —dice Roberto—. Somos un equipo y, si un jugador cae, todos estamos con él.

22 —Es verdad —dice Juana—. Por algo Roberto es el mejor jugador de todos los tiempos.

1 Al inicio del texto, el diálogo entre Juana y Matías muestra que

- **A** ambos están aburridos, pues no les gusta el béisbol.
- **B** narran el partido con emoción, como si fueran profesionales.
- **C** critican los movimientos de los jugadores.
- **D** se dedican a animar a su equipo.

2 Vuelve a leer el párrafo 11. ¿Cómo te permite la descripción imaginar lo que sucedía en el juego?

- **F** La gente no prestaba mucha atención al juego de béisbol.
- **G** Los espectadores hacían cosas distintas a observar el juego.
- **H** Todos estaban muy concentrados en ver qué iba a pasar.
- **J** Estaban más interesados en el marcador que en las jugadas.

3 Al final del texto, ¿qué puedes inferir de Roberto?

- **A** Le importa más el bienestar de sus compañeros que ganar.
- **B** Roberto piensa que perder es terrible.
- **C** Roberto es muy competitivo.
- **D** Por encima de cualquier cosa, Roberto siempre termina sus partidos.

4 ¿Cuál es la idea principal del texto?

- **F** Lo más importante en una competición siempre es ganar.
- **G** Es más importante competir que el bienestar de los jugadores.
- **H** Es mejor sobresalir de forma individual que colectiva.
- **J** No importa ganar o perder, lo más importante es que cada miembro del equipo esté bien.

Acuérdate

Los autores pueden escribir sus textos desde el punto de vista de la primera o tercera persona; sin embargo, no siempre le dicen al lector cómo se sienten los personajes. Busca lo que dicen los personajes, así puedes entender sus sentimientos.

AMPLÍA LO QUE APRENDISTE

COMPARAR Y CONTRASTAR TEMAS

COLABORA

- Vuelve a leer los poemas “La cuna” y “Nuestro idioma” en las páginas 506 y 510 de la **Antología de literatura.**
- Completa el diagrama de Venn para mostrar en qué se parecen y en qué se diferencian los temas.

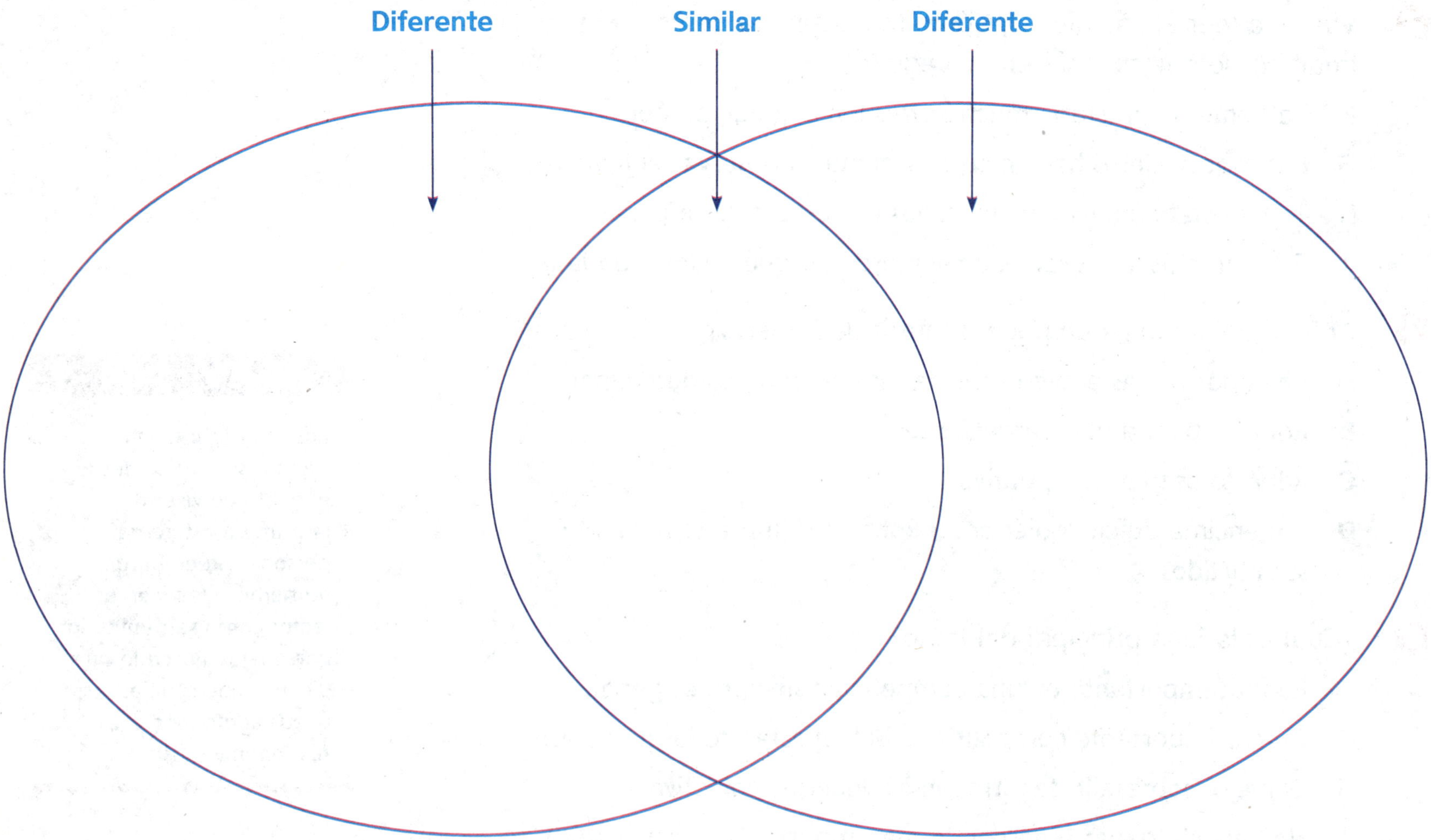

TONO

El tono de un poema indica qué siente y piensa el autor acerca de un tema. Al escribir un poema, el poeta elige uno o varios tonos para captar la atención del lector. El poeta determina el tono a partir del lenguaje empleado. El tono puede ser jovial, triste, animado o melancólico.

Vuelve a leer el poema "El cedro" en la página 511 de la **Antología de literatura.** Luego, responde las siguientes preguntas.

- ¿Quién es la voz poética del poema? ______________________
- ¿Qué punto de vista utilizó el poeta? ______________________
- ¿Qué puedes deducir de la voz poética a partir del tono del poema?

  Utiliza evidencias del texto. ______________________

  ____

PERSONIFICACIÓN

La personificación es un ejemplo de lenguaje figurado y consiste en atribuir cualidades humanas a animales, ideas u objetos. Por ejemplo, "los árboles saludaban con la mano en el viento" significa que los árboles se estaban moviendo. Repasa con un compañero los sustantivos de abajo. Escribe al lado de cada palabra una oración en la que haya una personificación. Esto hará que tu oración sea más interesante.

hormigas ______________________

cactus ______________________

viento ______________________

AMPLÍA LO QUE APRENDISTE

ESCRIBIR FICCIÓN HISTÓRICA

ESTUDIOS SOCIALES

La ficción histórica es un relato que trata de sucesos, personas y lugares reales. Investiga un suceso histórico importante que haya ocurrido en tu estado durante el siglo XIX. Escribe un texto breve de ficción histórica sobre el suceso. Incluye diálogos que podrían haber dicho personas reales. Piensa en cómo influyen el ambiente cultural y el ambiente histórico en la trama. Completa el organizador gráfico de abajo para planificar la secuencia de sucesos del relato.

Elegí este suceso de la historia de mi estado porque ____________________

____

Principio

↓

Desarrollo

↓

Final

¡A LA CARGA!

CIENCIAS

COLABORA

Los elementos del texto de los artículos en línea son similares a aquellos de los artículos impresos. Los artículos en línea también tienen elementos interactivos, como videos, animaciones y enlaces a sitios web con información adicional. Ve a **my.mheducation.com** y lee el artículo en línea "¡A la carga!". Presta atención a la información de los elementos interactivos. Luego, responde las siguientes preguntas.

Time for Kids: ¡A la carga!

- ¿Cuál es la diferencia entre un automóvil de gasolina y un automóvil eléctrico? Utiliza la información del artículo y del diagrama de un carro híbrido.

- ¿Por qué es importante que los estadounidenses le digan "adiós" a los motores de gasolina?

- ¿Qué obstáculos dificultan la implementación de los autos eléctricos?

- ¿Por qué los diseñadores se han impuesto el reto de hacer modelos más livianos?

Yaacov Dogan/Alamy Stock Photo

EVALÚA TU PROGRESO

¿QUÉ APRENDÍ?

Lee las pautas de evaluación para que califiques tu dominio de las destrezas de esta unidad. Escribe la puntuación más abajo, en cada destreza.

4	3	2	1
Identifico correctamente todos los ejemplos de esta destreza.	Identifico la mayoría de los ejemplos de esta destreza.	Identifico algunos ejemplos de esta destreza.	Debo trabajar más en esta destreza.

☐ Tema

☐ Notas al margen

☐ Prefijos griegos y latinos

☐ Idea principal y detalles clave

☐ Diálogos

☐ Hacer inferencias

Algo en lo que debo trabajar más es en ________________ porque

____

____

____

El texto y tú Piensa en los textos que has leído en esta unidad. Elige uno y escribe un párrafo breve en el que expliques una conexión personal que hayas establecido con el texto.

Hice una conexión personal con ________________ porque

____

____

____

CIENCIAS

Hacer una entrevista

COLABORA

Prepárate para hacer una entrevista a un miembro o amigo de tu familia. Pregúntale por las características que los miembros de su familia han heredado o aprendido. Cuando prepares la entrevista, aplica las estrategias que se dan a la derecha.

Un detalle interesante de esta persona es ________________________________

____

____

____

Me gustaría saber más acerca de ________________________________

____

____

____

Jeff Greenough/Blend Images/Getty Images

Acuérdate

Puede ser difícil tomar notas mientras alguien está hablando. Considera grabar la entrevista y tomar notas cuando escuches la grabación.

Comprobar la presentación

- ☐ Prepárate. Averigua todo lo que puedas de la persona.
- ☐ Escribe tus preguntas antes de la entrevista.
- ☐ Habla lentamente cuando hagas tus preguntas.
- ☐ Escucha con atención las respuestas.
- ☐ Toma notas y pide permiso para grabar la entrevista.